AF231379

ET SI ON AIMAIT LA FRANCE

DU MÊME AUTEUR

Essais

Élément de politique économique : l'expérience française de 1945 à 1984, Privat, 1985.

Des économistes au-dessus de tout soupçon ou la grande mascarade des prédictions, Albin Michel, 1990.

Les Sept Péchés capitaux des universitaires, Albin Michel, 1991.

Saint Jacques Delors, artiste et martyr, Albin Michel, 1993.

Parlons pognon, mon petit, Syros 1994.

Dieu ! que la guerre économique est jolie !, Albin Michel, 1998, coécrit avec Philippe Labarde.

Keynes ou l'économiste citoyen, Presses de Sciences Po, 1999.

Lettre ouverte aux gourous de l'économie qui nous prennent pour des imbéciles, Albin Michel, 1999.

La Bourse ou la vie. *La grande manipulation des petits actionnaires*, Albin Michel, 2000, coécrit avec Philippe Labarde.

Malheur aux vaincus. *Ah, si les riches pouvaient rester entre riches*, Albin Michel, 2002, coécrit avec Philippe Labarde.

Antimanuel d'économie. *1. Les fourmis*, Bréal, 2003.

Antimanuel d'économie. *2. Les cigales*, Bréal, 2006.

Gouverner par la peur, Fayard, 2007, avec Leyla Dakhli, Roger Sue, Georges Vigarello.

Petits principes de langue de bois économique, Bréal, 2008.

Capitalisme et pulsion de mort, Albin Michel, 2009, coécrit avec Gilles Dostaler.

Marx, ô Marx, pourquoi m'as-tu abandonné ? Les Échappés/ Flammarion, 2012.

Plaidoyer (impossible) pour les socialistes, Albin Michel, 2012.

Journal d'un économiste en crise, Les Échappés, 2013.

L'homme dans la guerre. *Maurice Genevoix face à Ernst Jünger*, Grasset, 2013.

Houellebecq économiste, Flammarion, 2014.

Romans

Pertinentes questions morales et sexuelles dans le Dakota du Nord, Albin Michel, 1995.

L'Enfant qui voulait être muet, Albin Michel, 2003.

Le journal, Albin Michel, 2005.

BERNARD MARIS

ET SI ON AIMAIT
LA FRANCE

BERNARD GRASSET
PARIS

Photo de la couverture : JF Paga © Grasset, 2014.

ISBN 978-2-246-85219-3

Bernard Maris est venu nous présenter ce livre le mardi 16 décembre, en fin de journée.

Comme toujours il s'est montré charmant, rieur, incisif, convaincant.

Il nous a parlé de la France, de ses paysages, de ses économistes, de son immigration, de son génie, de son histoire, de son peuple, de ses ronds-points absurdes, de ses palais, de ses réformes, de ses illusions, de sa démographie, de son goût pour le chaos, de ses maisons en carton et en périphérie.

Il nous a parlé de ceux qui n'aiment que le passé. Qui se lamentent, font commerce de leur inquiétude et confondent leur dépression avec le réel.

Il nous a amusés, Bernard, touchés, avec sa drôlerie, son audace, sa sagesse, son bel accent chantant, avec les inquiétudes de l'auteur qui « tient » son livre mais ne l'a pas achevé : et puis, nous a-t-il glissé rue des Saints-Pères, sur ce sujet, il faudrait cent pages ou mille… Nous nous

sommes mis d'accord sur le titre, Et si on aimait
la France, *sans point d'interrogation ni d'excla-
mation – il a insisté. Et sur la date de parution :
avril 2015. Puis il est parti dans la nuit.*

*Le 2 janvier, Bernard nous a mailé les pages
qui suivent, dont il était content. Elles nous ont
plu. Passionnés.*

Puis Bernard a été assassiné à Charlie
Hebdo.

*En accord avec ses enfants, Gabrielle et
Raphaël, nous publions l'ouvrage dans son état
originel, inachevé mais nécessaire.*

Christophe Bataille

«La situation de la France est si grave,
qu'il n'y a pas moyen d'hésiter.»

MICHELET, *Le Peuple*, 1846

« On ne doit rien à son pays »

Je crois que tout est parti de là. Quand Michel Houellebecq a déclaré, un matin, sur France Inter : « On ne doit rien à son pays. » Puis il a répété, après un silence : « Non. On ne doit rien à son pays. » C'est vrai que je tournais un peu autour du pot, avec mon livre sur Genevoix et Jünger, où je m'interrogeais sur l'incroyable succès de l'Allemand dans un pays qui ignore, comme souvent, le Français, bien supérieur à mon sens. Mais le déclic fut cette phrase.

Je n'en ai pas très bien compris le sens. Je ne suis pas sûr de vraiment le comprendre encore. En plus, Michel Houellebecq doit beaucoup à son pays, et certainement celui-ci lui doit plus ; en termes de solde commercial, il fait plus pour la France que nos marchands de voitures, et en termes de prestige mille fois plus. Non seulement ils ont une dette réciproque, mais, si l'on écarte un peu sa timidité, ce pays le passionne. Sa dernière exposition de photos s'intitule «Le produit France/1 : Before Landing». Elle est intrigante, assez floue, poétique ; des lieux de non-vie ou de transition (aires d'autoroute, parkings de supermarché, friches au-delà de voies ferrées) voisinent avec des collages où le pire de la modernité se marie avec des coupoles éternelles et dorées. La France est avant tout un espace, avant d'être une histoire, des symboles, des dates. Elle est une géographie, pour paraphraser Michelet («L'histoire est d'abord toute géographie»). L'avant-dernier roman de Michel Houellebecq, *La Carte et le territoire*[1], évoque l'espace France, sans nostalgie mais sans froideur non plus, dans cette nécessité houellebecquienne qu'est l'entropie. Son dernier roman, *Soumission*, est tout autant un éloge de la France. Au terme de la prise du pouvoir par des islamistes modérés, la France redevient le centre de l'ancien Empire romain reconstitué, et le français la langue dominante d'Europe. Que souhaiter de plus ?

Que sera la France dans deux mille ans ? Eût-on demandé à Alexandre franchissant l'Hydaspe, dans le Pakistan moderne : «Que

---

1. Flammarion, 2010.

sera ta Grèce dans deux mille ans ?», il eût répondu : «Le monde.» A tort ? La Grèce nous lègue la philosophie, les sciences, la médecine, la démocratie. Homère et Eschyle en prime. Pas mal. C'est un petit pays, méprisé par d'autres au nom de l'argent (par l'Allemagne, par exemple). Et pourtant... Nous avons tant de dettes vis-à-vis de la Grèce endettée...

Quelles dettes auront les humains envers la France, dans mille ou deux mille ans ?

«Ainsi vous écrivez un livre sur la France ? — Oui. — Ah... et sous quel angle ? Le déclin ? L'avenir ? L'universalité ? Le messianisme ? La cuisine ? Les filles ?»

C'est vrai, il faut un angle... Alors, disons que je me pose moi aussi des questions de dettes et de créances. Une manière de dresser un bilan, actif, passif, mais surtout de redonner au mot dette tout son sens, celui de faute, de culpabilité. Un livre pour dire : non, Français, vous n'êtes pas coupables, vous ne devez rien ; le chômage, la catastrophe urbaine, le déclin de la langue, ce n'est pas vous ; le racisme, ce n'est pas vous, contrairement à ce qu'on veut vous faire croire. Vous n'êtes pas coupables. Retrouvez ce sourire qui fit l'envie des voyageurs pendant des siècles, au «pays où Dieu est heureux».

Revenant de Rome, ville où je pourrais définitivement vivre, je me sens plein d'optimisme pour la France et songe qu'un petit rien pourrait redonner à ce Paris si triste, si bruyant et qui fut autrefois si gai, son sourire.

France, ma douce

J'ai connu des Français joyeux

Un soir, je fis part à des amis de mon intention d'écrire un livre sur la France. «Quoi! Toi? L'anarchiste? L'internationaliste? Le type amoureux de l'Espagne et de l'Amérique latine? L'Alsacien de Marseille? Et puis, tu es plus occitan que français!» Non seulement la France n'était pas un sujet pour moi, pire, ce n'était plus un sujet. *Ciao, bella.* Pourquoi parler de la France, à l'heure de la mondialisation et d'un milliard et demi de Chinois prêts à dominer le monde, tandis que la Catalogne allait vers la sécession, demain l'Ecosse, après-demain la Bretagne, et tous reliés par Internet et nos imprimantes 3D? Autant parler des Parthes ou des Mèdes. Et laisser la France aux Gallo, Chevènement et autres. Il est vrai que travailler pendant plus de vingt-cinq ans avec l'équipe de *Charlie Hebdo* ne prédispose pas à parler de la

France, même si Siné me fit découvrir le morgon Marcel-Lapierre, et Cavanna la guerre de Cent Ans. Puis la conversation repartit sur les vins, les maîtresses présidentielles, et, donc… sur la France. La France ! Quelle prétention ! Laissez-la au *Figaro Magazine* et à *Historia*, à Patrick Buisson, Lorànt Deutsch et Stéphane Bern.

Surtout Stéphane Bern. Regardez-le frétiller et papilloter de ses longs cils dans les palais. Le Rocher de Monaco et les maîtresses de Jules César, ça c'est de l'histoire ! J'en suis convaincu. Cherchez la femme, encore… J'aime le généreux sourire de Stéphane, micro royaliste mondain, quand il parle de la France. Ça vaut le masque renfrogné de Tillinac.

La France me paraît un sujet bien lourd pour un petit Occitan par son père et Alsacien d'origine par sa mère, elle-même née et élevée à Marseille, ma ville chérie. Qui n'aime pas Marseille n'aime pas la France ; qui ignore que la France est née à Marseille[1], existant, commerçant, s'enrichissant depuis six cents ans alors que l'île de la Cité était vide, ignore la France. Et puis la France n'appartient-elle pas

____

1. Dominique Borne, lui, le sait. Voir *Quelle histoire pour la France ?*, Gallimard, 2014.

à la droite, simple ou extrême? Sans doute. Mais pourquoi la droite, parlant de la France, depuis toujours, depuis Barrès, prend-elle ce ton mélancolique, un peu malsain, suicidaire pour tout dire – O Péguy, qui te suicidas, t'exposas follement aux balles, sur le parapet d'une tranchée avec tes douleurs mariales? N'existe-t-il qu'une version *doloriste* de la France, soumise, celle de De Gaulle au début des *Mémoires de guerre*, évoquant sa «madone» comme s'il récitait le «Je vous salue Marie»?

La droite parle de la France comme d'une douleur, d'un mal de dos. Elle a une vision rhumatismale de la France, et lorsque la France est battue en 1940, c'est la «divine surprise», la douleur disparaissant soudain avec la République, comme le résume la phrase ignoble de Maurras.

Je lis avec plaisir les historiens dits de droite, de Bainville à Tocqueville en passant par Pierre Chaunu et Patrick Buisson. Je lis même courageusement le *Dictionnaire amoureux de la France* de Tillinac, sympathique Gault et Millau de la franchouille, avec Cyrano et d'Artagnan, et Jeanne la Bonne Lorraine, et les nichons de la Pompadour qui donnèrent forme à nos coupes de champagne. Amis, nous buvons dans des seins de femme…

J'ai connu des gens pleins de gaieté qui parlaient de la France avec tristesse, et d'autres pleins de tristesse qui en parlaient encore joyeusement. A dire vrai, j'ai connu des Français pleins de gaieté. Authier, Lapaque et leur bande, par exemple[1].

Mort aux cons

Et si j'écrivais pour eux ? Pour les désespérés si drôles ? Houellebecq, Cabu, Reiser, Cioran ?

Pour moi, deux des plus grands défenseurs de la France sont François Cavanna, anarchiste, fils de maçon immigré italien, fondateur d'*Hara-Kiri* puis de *Charlie Hebdo*, rat d'archives et grand connaisseur de la période des Rois dits fainéants, incroyable goûteur et apprêteur de la langue, ennemi radical du point-virgule que j'adore, et le meilleur conteur de l'histoire et de l'architecture de Paris ; et Mustapha, algérien, correcteur de son métier, immigré, Mustapha dont la syntaxe est tellement parfaite qu'il en remontrerait au *Bon Usage* – fait par un Belge, si j'ai bonne mémoire.

---

1. Christian Authier, *De chez nous*, Stock, 2014. Le titre vient de Péguy.

Il y a beaucoup plus de France dans Anacharsis Cloots, baron en Allemagne et citoyen en France, exhortant à la révolution universelle, prétendu «orateur du genre humain» et qui marcha à la guillotine en récitant des vers à ses camarades de la charrette, ou dans le peuple de Paris refusant la capitulation de Bazaine, que dans les jérémiades de Thiers le bourgeois, implorant Bismarck de libérer des prisonniers pour les aider à mater la canaille révoltée contre le Prussien. Il y a plus de France dans les rêveurs de Mai 68 jouant à la Révolution dans un Paris que n'ont pas encore totalement vidé du peuple les odieux promoteurs, un Paris qui parle de la beauté et du surréalisme, et pour qui Modiano écrivit *Dans le café de la jeunesse perdue*[1], que dans de Gaulle fuyant à Baden-Baden, pour se réfugier sous les jupes du général Massu (et Dieu sait si le képi en contenait, de la France!). Le même Massu, approuvé par les socialistes, fit la sinistre bataille d'Alger après avoir reconquis la France puis envahi l'Allemagne aux côtés de Leclerc. «Alors, Massu, toujours aussi con?»

---

1. Gallimard, 2007. «Dans le café de la jeunesse perdue» est une phrase mélancolique de Guy Debord, mise en exergue de son roman par Modiano.

On dit que le capitaine Dronne, le premier à entrer avec la Nueve, cette joyeuse compagnie motorisée d'anarchistes, de poumistes et de républicains divers dans Paris libéré, plusieurs fois morigéné par Leclerc, portait sur sa jeep un fanion à tête de mort gravé du fameux «Mort aux cons». Lequel aurait inspiré au général de Gaulle son non moins fameux : «Vaste programme… »

De Gaulle ne fut pas toujours de Gaulle, hélas, et Massu («Massu le corsaire», disait Leclerc) ne fut pas qu'un tortionnaire. De Gaulle, Thiers, le peuple. Le Prince, les Grands, le peuple. Les trois ont fait la France, et la feront.

Mort aux cons, *In God We Trust,* Dieu et mon droit, *Gott mit uns* : je choisis la première devise, celle du plus grand dessinateur humoristique français, fils naturel d'un reître allemand : Reiser.

Prétendants de gauche, prétendants de droite

La gauche et la France ? C'est plus compliqué. La droite a un droit naturel sur le pays, la gauche non. C'est le peuple de Paris refusant la capitulation de Bazaine. C'est

Jaurès écrivant *La France et son armée*, Marcel Sembat appelant à l'Union sacrée, Mendès qui s'évade d'une prison de Vichy et s'engage dans les Forces françaises libres, Jean Zay qui part sur le *Massilia* pour poursuivre le combat, Chevènement qui fait chanter la *Marseillaise* puis démissionne, Mélenchon qui, écrasé par ce qu'il entrevoit, l'Histoire, trop faible, et comme abasourdi par sa propre sincérité, bredouille d'émotion place de la République ; ce sont ces militants communistes qui surent, avant même que le Parti ne change de ligne lors de l'invasion de l'Union soviétique par l'Allemagne, rejoindre la Résistance. C'est Germaine Tillion. C'est notre chère Simone Weil, salopette de milicienne et fusil à la bretelle qu'elle était bien incapable de charger.

En 1940, Guy Môquet distribuait des tracts dénonçant l'impérialisme anglo-saxon et appelant à la fraternisation avec les troupes allemandes... *L'Humanité* se félicite alors « de voir de nombreux travailleurs parisiens s'entretenir amicalement avec des soldats allemands, soit dans la rue, soit au bistrot du coin. Bravo camarades ! ». Guy Môquet est arrêté le 13 octobre, tandis que Staline livre du blé et du fer à Hitler. Le 22 juin 1941, l'opération Barbarossa a déjà commencé, un convoi de blé russe part encore pour l'Allemagne... Le 22 octobre, Guy Môquet est fusillé. Quel est le plus gênant ? La droite sans vergogne faisant lire sa dernière lettre ? La gauche hideuse de son patron, Duclos, appelant les ouvriers à la fraternisation avec l'occupant au nom de la lutte contre l'impérialisme anglo-saxon, dans des tracts douteux où l'on évoque la « juiverie internationale » ? Marchais bossant chez Messerschmitt ? Allons ! Le patronat français a bétonné le Mur de l'Atlantique et fourni camions, chars, armes, avions à la Wehrmacht pendant que le peuple l'entretenait de gré ou de force. Qui osera mesurer le poids de l'aide française au militarisme nazi ? Cela dit, le nombre de Françaises engrossées par les occupants est à peu près équivalent au nombre d'Allemandes engrossées par les prisonniers : 300 000, selon mes informations. Kif-kif bourricot. Après 44, les Français conservent presque un million de prisonniers allemands. Puis ils occupent une partie de Berlin pendant quarante-quatre ans... Allez, les gars, quatre ans contre quarante-quatre... et les Berlinoises amoureuses ! Une petite revanche, non ?

La gauche est victime de l'*Internationale*, la droite de la mondialisation. La gauche paie l'engagement pour les peuples opprimés et les droits de l'homme, le Zambèze avant la Corrèze, et la droite le CAC 40 qui fait 80 % de ses profits hors du sol national et encense les délocalisations heureuses qui créent des emplois et de la richesse. Si j'étais un chef d'entreprise, j'investirais plutôt en Chine qu'en France. La police y est ferme, le principe de précaution inexistant, l'environnement détruit jour après jour, les salaires minimes, le droit social nul, les mômes au boulot à dix ans, et l'argent, le cynisme et la corruption y sont un excellent fluide favorisant la mobilité et la destruction des «habitudes», des «privilèges» et des «corporatismes» (un village ici, une forêt là, quelques millions de paysans ailleurs; mais quelle importance pour moi, Français, que Pékin soit pollué?). Pas de 35 heures, là-bas.

L'*Internationale* et la mondialisation ne font pas très bon ménage avec la France – quoi qu'en disent les fabricants de systèmes en «isme» ou de centres commerciaux.

Je ne suis pas dupe de la «bonté» de l'Homme et de la prétendue «méchanceté» de la Société; à vrai dire assez peu rousseauiste; mais j'admets mal que la France appartienne aujourd'hui à la droite, la droite de la mondialisation heureuse, la droite éternelle qui bave éternellement sur la gauche par un vieil atavisme («Plutôt Hitler que Léon Blum») et ne cesse de poignarder son pays dans le dos...

Je ne suis pas dupe non plus de la gauche. Guy Mollet, Lacoste, je connais. Ne reparlons pas de Thorez, le déserteur. Et ne faisons pas la comptabilité, dans la Chambre du Front populaire, de qui vota les pleins pouvoirs à Pétain (les communistes exclus, soyons juste), ni le partage de ceux qui travaillèrent avec vaillance pour l'artilleur de Mayence et de ceux qui partirent à Londres.

Cordier, d'Estienne d'Orves, de Lattre de Tassigny, Rémy, Frenay, tous ces cathos royalistes, j'ai entendu parler. Le prince Dimitri Amilakvari, Géorgien engagé le 18 juin dans la Légion ? Je connais ; j'ai même cherché sa tombe avec mon ami Robert Maloubier, de droite, engagé à vingt ans dans la France libre et les services secrets britanniques, à El Alamein. «Bob» Maloubier, héros de la France libre, devint entremetteur, fournisseur de soultes et de poules, pardon, faiseur de contrats chez Elf... Après tout, Cordier se fit bien marchand de tableaux. Et je n'ai aucune révérence pour Mitterrand, l'ami jamais renié de Bousquet. Pire, je pense qu'il fut un piètre chef d'Etat, au moment où la France avait besoin d'un visionnaire, en 1983 et 1989, notamment.

Je relève la tête et je souris

A tous, à Guy Môquet, mais plutôt aux vilains visages de l'Affiche rouge, je dois, bien sûr.

Aux 800 millions de morts dormant sous la terre de la douce France, comme l'écrivait en 1982 Pierre Chaunu[1], labourage et pâturage et béton et goudron? Je ne sais pas.

Aux patronymes merveilleux des 30 000 monuments aux morts, avec leurs prénoms si ridicules, Antonin, Toussaint, Adolphe, Marcelin? Oui, certainement.

A M. Vergniaud, mon instit, je dois; à André Breton et à la gare de Perpignan, centre du monde pour Dalí, je dois. Je dois au sacre de Reims et à la fête de la Fédération, pour résumer avec Marc Bloch: «Il est deux catégories de Français qui ne comprendront jamais l'histoire de France, ceux qui refusent de vibrer au souvenir du Sacre de Reims; ceux qui lisent sans émotion le récit de la fête de la Fédération[2].» Bombardant systématiquement la cathédrale de Reims, les Allemands vibraient à leur manière, d'envie et de haine.

---

1. *La France. Histoire de la sensibilité des Français à la France*, Robert Laffont, 1982.
2. *L'Etrange Défaite*, Gallimard, 1990.

Buñuel, vieil anar, avouait trembler en entendant l'hymne espagnol. Moi, ce serait plutôt la sonnerie *Aux morts*, que mon père, socialo frémissant de passion militaire jusqu'aux ongles, m'emmenait rituellement écouter.

Chaque fois qu'on crache sur la France, on crache sur eux, les Dronne, Cordier, Bloch, Vergniaud, Aragon, Villon – et Jeanne la Bonne Lorraine, pour faire plaisir à Lorànt Deutsch.

Voilà la raison de ce livre : depuis peu, le *french bashing* me ravit, m'exalte ; *je me sens bien*. Je relève la tête et je souris ; et mes traits se durcissent, comme ces prisonniers giflés avant l'exécution. Tremblez, ennemis !

Mais l'exécution n'est-elle pas promise ? La fin ? Tant de gens la souhaitent ! Je me sens comme Ulysse de retour dans son pays occupé par les prétendants. J'ai vu (un peu) le monde. J'ai négligé mon pays. Je l'ai négligé comme une évidence. Et j'ouvre les yeux sur ceux qui lui ravissent… ce que vous voulez. Son âme, sa beauté. Le salaud au sens de Sartre[1] qui construit dans la Somme la « ferme des mille vaches » ; les salauds qui la conchient de bretelles, de ronds-points, de

____

1. Celui qui fait une mauvaise action et le sait.

promotions immobilières, de supermarchés, de zones industrielles, d'immensités pavillonnaires parsemées de rues aux noms d'arbres, filles de tristesse d'architectes couverts par leurs maquereaux de promoteurs[1] qui la bétonnent et la goudronnent ; les veules édiles qui laissent quelques rues occupées par des idiots en prière, à qui j'envoie les Dupont-Dupond de *Tintin au pays de l'or noir* pour leur botter le cul ; ceux qui lui arrachent ses vêtements, l'éducation, la connaissance, la langue, la République, la sociale, le peuple dans la ville, l'égalité, la laïcité, l'intelligence, le rire… Malgré tout, ils ne parviennent pas à masquer de leur burqa couleur d'argent cette « madone », selon de Gaulle, cette « femme » pour Michelet. Disons que j'ai envie de démasquer les prétendants et de dire à ma Pénélope : « Attention, poupée, regarde ceux qui sont autour de toi et ce qu'ils veulent faire… »

Qu'est-ce que la France sans la grandeur ? Oui, ma douce, oui : mais qu'est-ce que la France sans la beauté ?

---

1. Un lecteur me dit que Lucchini souhaitait le rétablissement de la peine de mort uniquement pour les architectes. Renseignement pris auprès de l'acteur que je félicitais, il dément… Dommage.

Écrire, une passion française

J'ignore si tout ça finira par des chansons, mais chez nous, depuis Charlemagne, tout commence par une école.

Nous sommes dans une école de banlieue, dans cette si joliment nommée Ile-de-France, qui fut autrefois le paradis des rois. La maîtresse est douce, avec son museau pointu sous ses lunettes. «Les enfants, savez-vous ce qu'est un champ lexical?» Elle attend, souriante. «Alors?» Elle n'espère pas de réponse, bien sûr... La classe de CE1 est sage. Mais une main de petit garçon se lève : «Maîtresse, c'est un champ de fleurs!» Un champ de fleurs... Elle rit. Comme c'est mignon, un champ de fleurs, quel charmant petit garçon! Elle secoue la tête, va pour expliquer, mais le petit crépu ajoute : «Et toi, maîtresse, tu es très belle.»

Cette histoire m'a été racontée par mon ami Michel Bernard, écrivain, et de belle langue[1].

J'ignorais ce qu'était un «champ lexical». Renseignement pris, on parle de champ lexical pour désigner «un ensemble théorique de noms, de substantifs, d'adjectifs et de verbes appartenant à une même catégorie syntaxique et liés de branches par leur domaine de sens[2]». Doit-on assener une telle horreur à des enfants? Des enfants qui ne demandent qu'à être ce qu'ils sont, des poètes, comme ce petit garçon qui voit d'abord un champ de fleurs, et dans ces fleurs une jolie maîtresse...

Dans notre classe de CM1, notre maître, M. Vergniaud – c'était un maître très sévère –, nous faisait la lecture chaque vendredi soir, en récompense d'une semaine studieuse. C'était *La Guerre du feu* de Rosny aîné, ou *Un marin de Surcouf* de Louis Garneray. Bras croisés, muets de terreur et d'émotion, nous écoutions les courses et les ruses du Malouin qui échappait toujours aux Anglais. Il n'usait pas de «champs lexicaux» ou autres inconvenances. Il nous donnait simplement envie de lire.

---

1. Auteur du *Corps de la France*, La Table Ronde, 2010; *Pour Genevoix*, La Table Ronde, 2011.

2. «Le médecin guérit le malade» est un champ lexical de trois substantifs.

Quel historien s'interrogera un jour sur le carnage que fut l'enseignement en France des années 70 à nos jours ? J'en étais resté à mon modèle d'instituteur, et à la lettre de Camus au sien, Louis Germain, à qui il avait aussitôt pensé juste après sa mère en recevant son Nobel : « Sans vous, sans cette main affectueuse que vous avez tendue au petit enfant pauvre que j'étais, sans votre enseignement, et votre exemple, rien de tout cela ne serait arrivé. » Je me doutais qu'ici ou là les choses n'allaient pas très bien, qu'on n'arrivait plus à faire parler correctement ni à faire lire les enfants, encore moins à les « intégrer », pour jargonner comme un sociologue ou un homme politique, que la France était mal classée en termes d'acquisition de sa propre langue – ne parlons pas des autres – ou des maths, elle qui a toujours produit les plus grands mathématiciens (et les produit encore : cinq Français dans les médailles Fields de ces douze dernières années).

Economiste, je suis aux premières loges pour constater les ravages de la « conceptualisation », cette maladie qui interdit de s'exprimer autrement que dans un style administratif, qui oblige les Français interrogés à la télé à parler « façon télé » (rien de tel qu'un gendarme interrogé sur un événement pour comprendre), dans un sabir à jamais coupé du «trésor de la langue»; cette langue qui permet (encore) de vitupérer l'époque au comptoir, entre Français bavards et râleurs.

La réponse du petit garçon était très encourageante et... très française. Il charmait sa maîtresse par une phrase poétique. Il tournait un compliment. Bref, il parlait à une femme.

«Victor Hugo, enfoiré...»

Pour le bac de français 2014, des élèves eurent à commenter un poème de Hugo. Circulèrent des tweets du genre: «Victor Hugo, enfoiré avec ton brun (*sic*) d'herbe, au lieu de le donner comme sujet tu aurais pu le fumer.» Sommée par un journaliste de s'expliquer sur un tel décalage entre ces élèves (dans le vrai, le «réel») et l'Education (lointaine et inutile), Aurélie Filippetti, ministre de la Culture, osa répondre en citant le poète: «Aimez, vous qui vivez! on a froid sous les ifs...» «J'irai par la forêt, j'irai par la montagne / Je ne puis demeurer loin de toi plus longtemps.» Fille d'immigrés italiens, agrégée de lettres, écrivain, elle est aussi un produit de la méritocratie républicaine.

Victor Hugo, avec ses contradictions (républicain, bonapartiste, royaliste, anarchiste...), est la France. Son cortège funéraire fut suivi par deux millions de personnes, dont une bonne moitié de femmes éplorées (Elles ont «le con en deuil», persiflaient les Goncourt). Il est la France, avec son insupportable vanité («La France est la lumière dans la nuit», «Il n'existe qu'une littérature française»), son mauvais goût (Dieu sait si les parnassiens ont ricané de ses poésies démesurées!) et quelque chose de grand et peut-être de génial. Baudelaire et Proust ne s'y sont pas trompés. «La France ne peut être la France sans la grandeur», résumera de Gaulle.

Plus tard, des centaines de milliers de Parisiens suivirent le cercueil de Sartre. Sartre, le faux résistant, le planqué de l'Occupation («Jamais nous n'avons été aussi libres que sous l'occupation allemande»), celui qui, de façon ignoble, appelait au meurtre de l'homme blanc dans la préface des *Damnés de la terre*, de Frantz Fanon, celui qui osait écrire «tout anticommuniste est un chien», celui encore qui fonda *Libération*... Sartre est aussi la France – et comment!

Interrogée sur Patrick Modiano, la ministre de la Culture Fleur Pellerin, qui succéda à Aurélie Filippetti, dit qu'elle ne l'avait pas lu et qu'elle ne lisait pas de livres. Elle n'avait pas le temps, trop occupée – à la culture sans doute.

Des femmes et des sonnets

On se souvient en revanche de François Mitterrand, photographié dans l'avion présidentiel et lisant *Préférences* de Julien Gracq.

Les obsèques de Mitterrand furent un grand moment français. La femme et la maîtresse partageant le deuil, les fils avoués et la fille cachée partageant les pleurs. Quand le vent fit voler le drapeau, les deux femmes se précipitèrent. L'épouse gagna de justesse. Dans quel autre pays eût-on pu voir cette scène de tolérance et d'intelligence ? Les Etats-Unis firent une tentative d'*impeachment* à l'encontre de leur président pour une relation sexuelle avec une stagiaire, minutieusement détaillée dans la pudibonde presse locale. Grotesque et malsain. Pudibonderie de tordus, de bourgeois pervers et engrosseurs. Leur joie, lorsque défila devant leur presse « *The Perv* » (DSK menotté dans le dos). Les Etats-Unis : un pays où deux policiers tuent à bout portant un petit garçon de douze ans qui joue avec un pistolet en plastique. Je connais. J'y ai vécu.

Tous les historiens, tous les écrivains, les guerriers, les intellectuels parlant de la France se sont pâmés devant une femme. De Gaulle, Michelet, Péguy ont pour elle les yeux de Rodrigue pour Chimène.

Eric Zemmour aussi, à sa manière. Il regrette le manque de virilité des Français. On comprend à qui s'adresse la virilité, perdue depuis les grenadiers de Napoléon : à la France qui « a envie qu'on la prenne » (Dominique de Villepin ; on ne rit pas). Comment parler raisonnablement d'une femme aimée ?

Entre Eric Zemmour et Aurélie Filippetti, un gouffre mais un lien, notre lien à tous : la méritocratie républicaine et un petit savoir-écrire. Ecrire, écrire ! Une obsession française. Je lisais *Le Suicide français*[1] lorsque Modiano eut le prix Nobel de littérature. Quatre jours plus tard, Jean Tirole obtenait le prix Nobel d'économie. Quelques semaines auparavant, Artur Avila, un Franco-Brésilien, recevait la

---

1. Eric Zemmour, *Le Suicide français*, Albin Michel, 2014.

médaille Fields (le «Nobel» de maths), suc-
cédant aux deux Français qui l'avaient eue
au «coup» d'avant. Pas mal, pour un pays de
suicidés…

Le Suicide français, comme tous les livres de
droite sur la France et malgré ses rodomon-
tades machistes, militaristes, viriles et poli-
cières, relève de la pleurnicherie mi-morbide
mi-mièvre, à l'image des inlassables pensums
sur la décadence (Baverez), la France finie
(Chevènement), le suicide encore (Camus),
l'identité malheureuse (Finkielkraut), la
mélancolie (encore Zemmour), le malheur
(Julliard), l'incapacité, la démobilisation, la
rancœur, le ressentiment, le déclin, la chute, la
perte de l'âme (h aspiré), l'effondrement et le
reste. Il y a cent cinquante ans, Michelet écrit
Le Peuple et déplore le déclin de la France et la
quantité de livres qui paraissent sur ce déclin.
Incroyable que cette nation survive sous cette
lancinante lapidation des pierres du désespoir!
«Jeune homme, la France se meurt, ne troublez
pas son agonie», disait Renan à Déroulède.

La France? «Qu'elle reste un bordel», mau-
gréait Hitler lorsqu'on évoquait auprès de lui
(Laval), après la chute, la possibilité de la faire
participer à la nouvelle Europe. Cette nation où
les femmes arbitrent les élégances des lettres,

du goût, et de la politique est féminine, intellectuelle et bas-bleu. Merci, mesdames Bruni et Trierweiler, après Mmes de Chevreuse, Roland, Tallien, ou encore Hélène des Portes, la compagne de Paul Reynaud, qui précipita l'abdication de son amant et lui fit appeler Pétain. Cette nation aime les femmes et les sonnets. La dernière guerre que faillit déclencher Henri IV, interrompu par le couteau de Ravaillac, fut pour une maîtresse. Cette nation inventa l'amour courtois. La première au monde, elle dissocia massivement l'acte d'amour de la reproduction[1]. Cela, tout Français, toute Française le ressent, comme il ou elle se sent porté(e) par l'alexandrin, du plus flamboyant chez Hugo (qui possédait le plus grand vocabulaire que l'on puisse imaginer) au plus glacé chez Racine, qui disposait de si peu de mots pour faire autant de grands vers.

Mourir pour un bon mot

Dire des alexandrins fut un de nos bonheurs d'écolier. Aurélie Filippetti, chez qui les

____

1. Lire Philippe Ariès, *Histoire des populations françaises et de leurs attitudes durant la vie depuis le XVIIIe siècle*, Points-Seuil, 1971.

germanopratins trouveront un plaisir d'institutrice de province (pléonasme) à réciter de la sottise transcendantale, a raison de scander du Hugo. Parlant de Genevoix, l'un de nos plus grands stylistes, et l'un de nos plus grands écrivains tout court, Dominique de Roux eut ce mot assassin : « écrivain pour mulots » qui rejeta l'auteur de *Ceux de 14* dans les trous du provincialisme niais. Mourir ou tuer pour un bon mot : très français, non, « messieurs les Anglais » ?

« Mourir pour une virgule », écrit quelque part Cioran, qui n'avait qu'une peur, voir la langue française disparaître, la peur de Beckett, la peur d'Andreï Makine. Guy Debord, grand lecteur de Retz, était attristé de voir le bon vin, frelaté par la chimie agro-alimentaire, disparaître avant les ivrognes – dont il était. Tout bon Français s'est enivré à la littérature. Tocqueville dit que la noblesse française préféra se tourner vers les lettres que vers le commerce, contrairement à sa voisine anglaise. Regardez l'Angleterre, cette « nation de boutiquiers », avait lancé Napoléon – et Mme Thatcher n'aurait pas démenti l'hommage. D'où, en France, l'explosion des salons et la vanité des bourgeois, eux aussi tentés par la littérature, n'est-ce pas, madame Verdurin, qui, à notre grand désespoir, finit duchesse de Guermantes ? Peut-on comprendre autrement cette vanité française à devenir écrivain ? « Le travail exorbitant et accablant de l'ouvrier anglais nous venge de Waterloo », résume Stendhal.

Que d'intelligence et de bêtise chez Genevoix, cet « écrivain pour mulots » ! Superlativement intelligente et sotte, telle me semble la France, avec la sottise de son génie ou le génie de sa vanité candide. Avide d'honneurs et de femmes, tel fut Hugo, avide d'honneurs et de femmes, telle est la France, friande de défilés, de fanfares, de parades à cheval, de généraux Boulanger et de marques royales, des froufrous émoustillés de Stéphane Bern, d'histoire revisitée par *Gala* et *Les Feux de l'amour*, de victoires et de pleurnicheries. Il n'y a pas plus bête et plus intelligent que cette nation – qui le sait, et dont le sport favori est d'étaler sa bêtise en se dénigrant.

Galanterie française

«Les Français sont polis
et ont bonne façon.»

Arthur YOUNG, *Voyages en France*

Dans la pratique de l'amour courtois, qui fut inventée pour mon plus grand bonheur chez nous, dans le Midi, le chevalier troubadour était capable de réciter ou chanter des vers à sa belle pendant des heures, tandis que celle-ci commençait à se déshabiller partiellement ou peut-être totalement; il ne la touchait pas. Cette magnifique exacerbation du désir et du contrôle de soi, à l'opposé de la scène porno ou du viol évidemment, me paraît appartenir à l'exception française. C'est une hyper-galanterie, une hyper-politesse vis-à-vis des femmes, une reconnaissance absolue de la supériorité féminine et de l'autorité de son corps, telle que, même dénudé, il impose le respect au mâle sauvage, lequel ayant su se dominer en devient humain… humain comme une femme. Foulque, ancien troubadour, épuisé d'abstinence, préféra se faire carrément prêtre, devint évêque de Toulouse et prêcha contre ces empêcheurs de violer en rond, les Cathares; en son temps «fille à prêtres» était l'équivalent de putain.

On peut trouver que ces pratiques étaient exagérées. Mais on peut croire aussi qu'elles participent d'une civilisation exceptionnelle dont les lueurs éclairent jusqu'à nos gestes de politesse aujourd'hui: ne s'asseoir que lorsque les femmes sont assises, leur donner en tout – et particulièrement dans les joutes langagières – la préséance, respecter toutes leurs tenues et en échange leur «faire la cour» (qui fait «la cour» sinon les princes?). Il est inimaginable en France d'interdire à un homme de rester seul avec une femme dans un ascenseur (au risque de se faire attaquer pour harcèlement), à un professeur de recevoir une étudiante dans son bureau et de fermer la porte. L'équivalent est totalement proscrit au pays de Washington, où l'on fait l'hypothèse que les mâles ne sont pas capables de se contrôler. La civilisation commence lorsque l'homme domine ses pulsions.

Il faut croire que la civilisation musulmane, du moins la partie en son sein qui peut voiler les femmes, leur interdire la jupe, voire les obliger à porter une burqa, n'est pas sereine vis-à-vis de la capacité des hommes à dominer leurs pulsions. Il est clair que de la chevelure peut naître un stimulus sexuel, comme d'autres parties du corps. La cacher revient à supposer que les voyeurs ne pourront pas se contrôler, ou, à tout le moins, qu'ils en ressentiront une grave souffrance. Dans le magnifique film de Jean-Paul Lilienfeld, *La Journée de la jupe*, la prof de français, Isabelle Adjani, poussée à bout par la bêtise ricanante des petits mâles de sa classe, prend celle-ci en otage et exige… une journée de la jupe ! Elle veut faire respecter le droit de circuler en jupe dans son collège sans se faire traiter de pute. On peut considérer cette demande comme une régression, les femmes ayant obtenu après George Sand de se promener en pantalon, autrement dit, tout simplement de se promener (on se promène difficilement dans les rues en corset et robe à crinoline), mais il ne s'agit pas de ça : il s'agit simplement d'une journée où les petits mâles apprendront à calmer leurs ardeurs et à laisser circuler une femme montrant ses jambes ; autrement dit, à voir autre chose dans une femme qu'un objet sexuel. Une simple beauté par exemple, dotée de belles jambes, ou mieux, une simple femme, dotée de jambes.

Cette tolérance devrait relever de la politesse, telle qu'elle s'est sédimentée en France depuis l'amour courtois jusqu'à Proust, en passant par le merveilleux moment des salons, aux XVIIIe et XIXe siècles, quand la France fut décrétée par Hume «pays des femmes». Dans le bus qui, enfants, nous portait de Muret à Toulouse, je me souviens de cette perpétuelle remarque des petites provinciales (ô Parisiens, comme vous ririez de leur accent!) aux garçons trop pressants ou ennuyeux: «Et la galanterie française?» Et la galanterie française... Je n'imagine pas aujourd'hui une jeune fille de banlieue excipant de la «galanterie française»...

Cette galanterie – qui est le pendant de la réputation de femmes faciles des Françaises – me permet, dans un jeu à plusieurs bandes, je le reconnais, de rejoindre Alain Finkielkraut et l'écrivaine Claude Habib, lorsqu'ils imputent la loi sur le port du voile à l'école du 15 mars 2004, non à une volonté de discrimination des musulmanes, de stigmatisation de la religion, d'atteinte aux libertés, voire à la laïcité qui veut que l'Etat ne se préoccupe pas du tourment des âmes, laissant chacun pour soi avec Allah, Vishnou, ou Zeus (ou Dieu), mais plutôt à une réminiscence de la «galanterie française». Cacher le cheveu n'est que cacher l'objet de tentation, or le galant sait se restreindre, se calmer, et sublimer sa pulsion dans un sourire contemplatif de beauté. Je peux regarder les seins de la Vénus de Milo (incroyablement beaux) sans me ruer sur la statue qui ne m'opposera pas ses bras.

Pour m'exciter, on m'a inventé le porno en continu sur Internet, et grand bien me fasse d'aller visionner bielles, pistons, machines et piercings sur mon écran privé. Il est probable que les jeunes qui visionnent du porno sur Internet ont plus de difficultés à sublimer leurs pulsions que Swann, minaudant et réajustant les catleyas d'Odette pendant des siècles et des siècles avant d'oser prendre sa tête dans ses mains et, enfin, de l'embrasser. Mais la liberté pour une jeune fille d'aller en cheveux à l'école – et l'obligation d'aller en cheveux à l'école – s'explique par le fait que ces cheveux ne sont plus à l'école des symboles sexuels et diaboliques définis par une religion particulière ; l'école est le lieu où la société ne doit pas s'exprimer. Et puis un petit Français, pétri de politesse et de courtoisie, doit être capable de s'effacer dès qu'il entend :

«Et la galanterie française?» Ce que les jeunes Espagnoles exprimaient d'un terrible, limitatif, castratif presque: «*Un poco de educación*», un peu d'éducation. Paraître mal éduqué pour une jeune Espagnole était (cela a peut-être changé) aussi terrible que de paraître non galant pour un jeune Français.

C'est pourquoi me ravissent les philippiques anglo-saxonnes contre la loi française sur le voile, vilipendée comme atteinte à la liberté dans le «soi-disant pays des droits de l'homme», en général accompagnées de ricanements sur DSK. Précisément, DSK n'a pas su retenir une pulsion. Et tous les procès que font les Américaines aux «harceleurs» témoignent de l'incapacité de leurs mâles à se retenir. Le maire de Londres, Ken Livingstone, compare l'interdiction du voile aux musulmanes à la stigmatisation des Juifs en 1940. C'est parfaitement idiot. C'est exactement l'opposé. En obligeant les jeunes filles à ne pas être différentes dans l'enceinte neutre, hors société, de l'école, on ne les stigmatise pas. Peut-être ignore-t-il aussi que c'est la soi-disant «race» juive et non la religion de Moïse qui fut stigmatisée et persécutée? Que c'est la chair de l'être juif qui fut atteinte?

Le harcèlement est-il aussi fréquent en France ? Peut-être. Même chez nous la galanterie doit progresser, sinon revenir. Ce à quoi vous répondez : « On ne naît pas femme, on le devient », avant d'en appeler aux théories du genre. Et vous ajoutez que les compliments dégradent une femme. Vous avez peut-être raison. Chacun son camp : le duc de Nemours courtisant la princesse de Clèves, ou la pauvre Adèle de *Pot-Bouille* besognée sans façon par ses patrons. Et entre les deux les mille et une manières du commerce érotique, de Choderlos de Laclos à Henry Miller. Mais dans tous les cas, la galanterie est sublimation d'une pulsion. Ce qui n'est pas facile : les brames de cerf de Patrick Balkany lorsqu'il vit, à l'Assemblée, Cécile Duflot se présenter en jupe, en témoignent.

A l'opposé de la galanterie, se situe le « respect », mot employé à tort et à travers par la racaille et les crétins. Le « respect » est celui de l'ordre. Si une fille se fait violer dans une tournante, c'est qu'elle a manqué de « respect » en faisant la pute. Si une autre se fait brûler vive, c'est pour le même manque de « respect » envers son petit assassin. Si un troisième se fait rouer de coups par une bande, c'est pour avoir manqué de « respect » au chef d'icelle. La galanterie est une soumission du (présumé) fort au (présumé) faible. Le «respect», c'est la pratique cruelle de l'ordre mafieux. Tous les films sur la Mafia dégoulinent de «respect» pour les parrains, les anciens, les grands frères et le reste. La galanterie est donc, il faut le reconnaître, une des formes de la démocratie. En l'absence de politesse, règne la loi du plus fort. Comme la démocratie, la galanterie est un moment de modestie; une modestie fine, intelligente, supérieure peut-être, snob souvent, autrement dit fausse, comme celle de la princesse des Laumes affectant la discrétion au salon de Mme de Saint-Euverte, et frétillant d'aise d'être reconnue; comme le galant, son tour joué avec la complicité de la dame, se réjouit d'être accepté comme mâle, mais sait que le meilleur moment est celui où l'on monte l'escalier. Dans tous les cas, c'est une preuve de civilisation. La civilisation commence avec la politesse, la politesse avec la discrétion, la retenue, le silence et le sourire sur le visage.

J'ajoute que les Français inventèrent massivement, au XVIIIe siècle, la séparation du sexe et de la reproduction. Encore un témoignage de politesse.

Comment on devient
un petit Français

J'ai toujours révéré les instituteurs. Mon père était instituteur. Les instituteurs (et les curés) avaient gagné la guerre de 14. Les instituteurs avaient fait le Front populaire, puis résisté – pas tous ; d'autres, beaucoup d'autres heureusement, beaucoup de gens de droite, avaient résisté. La Grande Guerre et la Résistance étaient deux solides piliers de la République, le troisième, le plus puissant, le plus solide, étant la Grande Révolution. La République avait colonisé une partie de l'Afrique, et, petit garçon, j'en étais fier. A l'instituteur appartient le territoire de l'esprit, assez large, situé entre la chair et l'au-delà : « [L'instituteur dans la commune] est le seul et l'inestimable représentant des poètes et des artistes, des philosophes et des savants, des hommes qui ont fait et qui maintiennent l'humanité. Il doit assurer la représentation de la culture» (Charles Péguy). Il représentait aussi la France. Mais peut-être, au temps de mon instituteur, France, humanisme, culture étaient-ils synonymes…

Chaque année M. Vergniaud, notre instituteur, réunissait toutes les classes, du CP, qui s'appelait alors la onzième, au cours de fin d'études, et leur projetait un film très édifiant sur l'éducation au Sénégal. CP, CE1, CE2, CM1, CM2 : j'ai vu cinq fois ce film. Je me souviens d'un petit Noir qui avait cassé un arrosoir et qui, pour punition, avait dû calligraphier deux pages d'Alphonse Daudet. Deux belles pages d'une écriture de tantôt, avec les pleins et les déliés. Les instituteurs lui pardonnaient et le félicitaient. Ces pages étaient vraiment belles, écrites à l'encre que le M. Vergniaud du Sénégal versait chaque lundi matin dans les encriers des petits Noirs, comme notre M. Vergniaud de Muret, dans la banlieue de Toulouse, remplissait les nôtres. A côté du tableau de la classe écrasée de chaleur, la carte du monde, la Vidal de La Blache, était la même. Le Vietnam, le Laos et le Cambodge y figuraient en jaune, si je me souviens bien. Dans ce film également, on tuait un gorille, chose qui aujourd'hui me soulève le cœur. C'est une preuve de l'existence du progrès : personne aujourd'hui ne montrerait le meurtre d'un gorille à des enfants, et c'est bien.

L'enseignement aussi a progressé. Un film sur la colonisation serait bien différent aujourd'hui, tant mieux. Mais le bon petit élève noir qui recopie deux pages du *Petit Chose*, après avoir cassé l'arrosoir, reste mon frère.

F comme France

J'ai un autre frère en la personne du rappeur, auteur, réalisateur Abd al Malik. Il est l'auteur d'un film que je n'ai pas vu : *Qu'Allah bénisse la France*. De même, chaque semaine, lors des offices du shabbat, une prière pour la République française est dite en français ou en hébreu dans les synagogues françaises. Elle dit : «De ta demeure sainte, ô Seigneur, bénis et protège la République française et le peuple français.»

C'est durant le CP que je posai cette question saugrenue au maître : «Monsieur, pourquoi n'écrit-on pas les mots commençant par f avec une majuscule ? — Fromage par exemple ? sourit M. Vergniaud. Mais pourquoi donc ? — Parce que le f est la majuscule de *France*… C'est une lettre trop importante… » Le maître me regarda d'un air bizarre.

Par ma mère, marseillaise, j'ai très tôt entendu parler de Thiers, « le nain », « le nabot » « l'homoncule », c'était selon. Thiers détestait les instituteurs, ces « détestables petits instituteurs laïques ». Seuls les curés peuvent « propager cette bonne philosophie qui apprend à l'homme qu'il est ici pour souffrir ». L'avorton marseillais essuiera ses mains trempées du sang des Communards sur le corps de la fille de sa maîtresse – qu'il finira par épouser. La phrase de Thiers évoque celle de Nicolas Sarkozy dans son célèbre discours du Latran, où il dit (de mémoire) que le curé sera toujours supérieur à l'instituteur pour enseigner le bien. Le bien est-il l'acceptation de la souffrance et de l'inégalité (provisoires) sur terre en attendant le bonheur et l'égalité (éternelles) auprès du Seigneur ? Un instituteur, qui se réclame des Lumières, du Progrès, ne peut en général accepter cet axiome.

J'ignore d'où me vient cet amour de la France. Peut-être au fait d'avoir assez longtemps vécu à l'étranger, en Espagne et aux Etats-Unis notamment ? Ou plutôt parce que, dans mon jeune âge, l'écho sinistre de la

Seconde Guerre mondiale résonnait encore à mes oreilles. Un conseiller du Prince, Henri Guaino, avec qui j'ai préparé le centenaire de 14-18, m'a rassuré : c'est comme l'amour ; on est amoureux, quant à l'expliquer… Va pour l'inexplicable, qui rend heureux tous ceux qui rentrent « au pays », ou dans la « terre des pères » : la patrie.

On n'a jamais glorifié mon pays dans ma famille, jamais abusé de rhétorique grandiloquente, on ne se levait pas pour la *Marseillaise* comme chez mes cousins, on n'a jamais dénigré les autres nations. A vrai dire, on les ignorait, sauf « les Boches », mon grand-père ayant fait 14-18 comme artilleur, et mon père la bataille de France : croix de guerre, Légion d'honneur, médaille militaire ; prisonnier, évadé, Résistance.

Mon grand-père, maréchal-ferrant et propriétaire d'une demi-douzaine d'hectares, était de droite, vaguement monarchiste. Lors du « dépiquage », il plaçait un drapeau blanc sur la moissonneuse-batteuse. Dans les joutes politiques familiales, il disait à mon père : « Tu iras manger la soupe populaire sous la halle, avec tes partageux. »

Ah, la France et la propriété !

Le curé et l'instit

Par miracle, mon père ne devint pas curé, mais instituteur. Qui donnait l'éducation dans la campagne du Lauragais ? Le prêtre. Servant bien la messe, il fut décidé que mon père irait au séminaire. Mais voilà que cet étrange curé convainquit non son père, qui voulait en faire un forgeron, mais son grand-père, de l'envoyer en pension à Toulouse afin de tenter le concours de l'Ecole normale d'instituteurs. La pension coûtait cher pour les pauvres. On vendit un bœuf, un gros capital pour une ferme de quelques hectares.

De ce miracle, mon père acquit une haine hypertrophiée des « curetons », qu'il tenta en vain de me transmettre. Au contraire, je fréquentais au lycée Pierre-de-Fermat l'aumônier, l'abbé V★★★, la bonté personnifiée, qui plus tard, me prépara au mariage. « Je ne crois plus, lui dis-je. — Très bien. Prions. » Et nous priâmes. Je n'en recouvrai pas la foi, mais je n'ai jamais oublié les paraboles que nous commentait ce cher abbé V★★★, en particulier celle qui m'obsède encore, et que je mis très longtemps à comprendre, du père et de ses deux fils (Matthieu, XXI, 28-31) : l'homme demande à son premier fils d'aller travailler à la vigne, le premier fils dit oui, s'éloigne, et n'y va pas ; puis il demande au second d'aller travailler à la vigne, le second dit non, s'éloigne, mais pris de remords, y va. Lequel des deux a fait la volonté du père ? demandait l'abbé. « Le second évidemment criais-je ! ». Et l'abbé de reprendre Jésus et de conclure : « Les percepteurs et les prostituées vous précèdent dans le royaume de Dieu.»

De cette parabole, que Mitterrand exprima en reprenant Machiavel : « Je ne dis jamais ce que je pense, ni ne crois jamais ce que je dis », me vient la méfiance de la politique, et des hommes politiques. On ne peut faire de politique sans mentir, ou sans promettre ce que l'on sait impossible. Le dire et le faire…

L'abbé V★★★ fut aumônier militaire en Algérie. Aumônier militaire est un travail étrange. Bénir ceux qui vont mourir, et les préparer à tuer, sans ignorer le sixième commandement. L'un des plus étranges textes sur la liberté est dû à Teilhard de Chardin, lorsqu'il évoque « la nostalgie du front ». C'est à Douaumont, dit-il, qu'il connut vraiment la liberté. On ne peut comprendre le monde de la liberté, l'autre monde, le monde que ne connaîtront jamais les gens normaux, les gens de la paix, que lorsqu'on accompagne les soldats au front. Dans l'association mauvaise de ces deux mots, «guerre» et «liberté», il y a quelque chose que ne peuvent plus connaître les générations postérieures à 1962 et qui peut-être empêche de songer à ce que peut être une France future, qui sera sans la guerre, et, au sens strict, une France *apaisée*. Apaisée et cicatrisée. Les grandes blessures : 1789, 1940. La petite blessure, qui explique sans doute l'ambiguïté de la relation à la population de confession musulmane d'aujourd'hui : 1962, deuxième exclusion après le décret Crémieux de 1870 accordant d'office la nationalité française aux Juifs d'Algérie et réservant le statut d'indigène aux musulmans. Après les accords d'Evian, Juifs et Français «d'origine métropolitaine», peuvent aller en métropole. Les autres, les musulmans autrement dit, non. Chassés par la porte, ils rentreront par la fenêtre du regroupement familial.

Tué en Algérie

M. Vergniaud partit se battre en Algérie. Il avait été, comme on disait, «rappelé». Bien jeunes pourtant, jouant à la pelote contre un mur de l'église, attendant le catéchisme d'un curé borgne qui ne racontait que les horreurs républicaines de la guerre civile espagnole, nous commentions la décision de Guy Mollet d'envoyer le contingent en Algérie. Un matin, nous vîmes arriver un M. Vergniaud fatigué, les yeux rougis dans sa bouille tachée de son, et curieusement patelin. Certes il donna son rituel et terrible coup de règle sur le bureau qui nous fit sursauter et aussitôt croiser les bras, mais son visage n'exprimait plus de méchanceté. Il écrivit au tableau la morale du jour : «Puisque la vie est le premier des biens, l'homicide est le plus grands des crimes.» Puis il nous fit ouvrir nos livres de lecture, et lire, l'un après l'autre. Et lurent, par ordre alphabétique, Albanil, Barbu, Blanc, Calestroupat, Di Costanzo, Filippi, Gomez, Granovski, Maris, Nadeau, Pelizari, Sahliger, Ramirez, de Roquemaure, Roumégous, etc.

En ce temps-là, les petits Espagnols tenaient le haut du pavé, plus que les petits Italiens. C'étaient eux qui organisaient les jeux, les combats d'Indiens et de cow-boys, les parties de foot et de pelote basque. Pour la plupart fils de républicains – ce que j'ignorais alors – ils étaient braillards et combatifs. Les Trente Glorieuses en ont fait des médecins, des avocats, des entrepreneurs du bâtiment.

Les petits Italiens aussi, que plus tard je retrouvai élus d'un parti ou d'un autre. Je dis «petits Espagnols» et «petits Italiens», alors qu'à l'époque je n'aurais pas imaginé une seconde qu'ils ne fussent purs Français. Sans doute les petits Arabes et les petits Noirs sont-ils les durs des cours de récré d'aujourd'hui. Le sentiment égalitaire est l'un des mieux partagés de l'enfance. Il n'y a pas moins raciste qu'un petit garçon ou une petite fille. Après, ça change.

Maintenant, dans certaines écoles primaires, la coutume est de demander aux enfants de définir fièrement leur origine devant les autres : «Je suis fier de venir…» Et qui vient du Mali, qui d'Algérie, etc. Dans quel but ? Sacraliser la diversité ? Prévenir le racisme ?

Ce genre de pratique nous eût complètement ahuris. «Je m'appelle Calestroupat, je viens d'Ariège profonde ; Pelizari, des Pouilles ; Sahliger, d'Autriche ; Granovski, juif, de Russie ; de Roquemaure, de Toulouse, petit-cousin de Joseph de Villèle, ministre de Louis XVIII, Chevalier de la foi, réactionnaire ; je m'appelle Gomez, fils d'anarchiste et tueur de curés…» Comme nous eût sidérés l'impossibilité apparente des jeunes d'aujourd'hui de ne pas se rattacher à une religion.

J'habitais donc Muret, la ville du président de la République Vincent Auriol. M. Vergniaud, qui nous lisait les livres du Breton Louis Garneray, nous raconta la croisade des Albigeois, et la bataille de Muret (1213) qui vit la défaite du comte de Toulouse, Raymond VI, et la mort de son cousin, le roi Pierre d'Aragon. «La Garonne fut couverte des cadavres des vaincus, et rouge de leur sang jusqu'à Toulouse», disait-il. Ce qui faisait beaucoup : 15 kilomètres. Ça frappait les esprits. J'imaginais l'eau cachée sous les corps flottants... Traversait-on la Garonne en marchant sur les cadavres ? Il nous emmena sur le champ de bataille, où se trouve aujourd'hui une grande prison. Il prétendait que Raymond et son cousin Pierre étaient saouls comme des Polonais, pardon, bourrés comme des coings, au moment d'être hissés sur leurs chevaux. Le comte Raymond eût-il vaincu, un vaste Etat allant de Toulouse à Barcelone se fût constitué. Les Catalans parlent un occitan déformé. L'occitan pur est encore parlé dans le Val d'Aran. J'ai toujours considéré Barcelone comme une banlieue de Toulouse. Bien sûr, il nous raconta la chute de

Montségur. Mais il évoquait tout aussi bien la prise de Jérusalem par Godefroy de Bouillon et Raymond IV de Toulouse, quand les croisés avançaient «avec du sang jusqu'aux genoux». Nous baignions dans l'histoire de France, l'histoire mythifiée de Lavisse et Seignobos, assez sanglante, en tout cas ensanglantée par M. Vergniaud, républicain et pacifiste.

Il fut tué en Algérie. C'était, je le redis, un maître très sévère.

Coitus interruptus :
un modèle d'équilibre

« Il n'est de richesse que d'hommes. »

Jean BODIN

« La France n'a plus fait d'enfants. Ce crime d'où découlent les insultes, les malheurs qu'elle a essuyés depuis cinquante ans. Le crime nous aliène les Dieux et les hommes. »

DRIEU LA ROCHELLE, *Mesure de la France*

Mon arrière-grand-père, compagnon du devoir, a vécu sans faire la guerre, mais a erré dans toute la France de maître en maître pour apprendre à forger. Quand il le fallait, sa canne de compagnon se transformait en une redoutable pique. C'est son propre grand-père qui avait installé un fils cadet par un mariage à Montgiscard, en 1788. Il venait de Lafage, près de Castelnaudary, au seuil de Naurouze, là où les eaux choisissent de se séparer, vers la Méditerranée ou l'Atlantique. Aujourd'hui, la forge de Lafage appartient à de charmants Anglais.

Si je donne la main à mon arrière-grand-père, et si celui-ci se hisse jusqu'à son propre grand-père, et m'aide à me hisser jusqu'à lui, je suis en 1800.

C'était hier. On vient de traduire l'*Essai sur le principe de population* de Malthus, qui s'intéresse particulièrement à notre pays et qui est bourré d'erreurs. Avec plus de vingt millions d'habitants, la France est le pays le plus peuplé du monde, derrière la Chine et l'Inde. Elle est un peu plus peuplée que la Russie. Elle est la Chine de l'Europe. Capable de mobiliser un million d'hommes, elle va dominer l'Europe avant de se perdre dans ce que Talleyrand appela la « montagne de neige ». Elle ne le sait pas, mais elle a peut-être décidé de mourir, en tout cas de s'arrêter, d'aller à un équilibre : elle ne fait plus d'enfants depuis 1750, tandis que l'Angleterre, la future Allemagne et la Russie se préparent à l'explosion de leurs populations. Les trois alliées auront à grand-peine raison d'elle. Malthus, dans son essai, croit encore que la population française est croissante. Aujourd'hui, avec moins de 1 % de la population du globe, plus petite que la

Grande-Bretagne et l'Allemagne, elle ne peut plus lier sa puissance à ses bras.

La démographie fut ma passion. J'ai eu la chance de faire longtemps un cours de démographie, puis de succéder au grand Alfred Sauvy pour une revue de livres dans les pages du quotidien *Le Monde*. Sauvy, l'INED, Ariès. Celui-ci ne fut découvert en France qu'après avoir été reconnu aux Etats-Unis (si l'on doit reconnaître une qualité aux Etats-Unis, c'est bien de donner leur chance aux découvreurs; ce n'est pas le cas de l'Université française). Collé deux fois à l'agreg d'histoire, il n'insista pas (personnellement, c'est au quatrième coup que j'ai décroché la timbale) et devint donc documentaliste à l'Institut des fruits et légumes coloniaux, puis, horreur, journaliste... Comme moi. Si vous voulez insulter un universitaire, dites-lui que son style est «journalistique». Ariès intégra un centre de recherches à Washington et poursuivit son travail. Ai-je dit qu'on ne devine jamais qu'il était catholique et royaliste?

L'Enfant et la vie familiale sous l'Ancien Régime est une merveille, Elisabeth Badinter le sait bien, mais tout Ariès est une merveille: *Histoire des populations françaises et de leurs attitudes devant la vie depuis le XVIIIᵉ siècle,*

L'Homme devant la mort, etc. Que dit Ariès ? Que cent ans avant l'Europe, la France invente le planning familial, et dissocie massivement l'acte sexuel de la reproduction. Oh, déjà Hélène et Pâris savaient y faire, et le crime d'Onan, qui par mauvais glissement sémantique a donné l'onanisme, est bien répertorié depuis longtemps comme crime contre la vie. Certaines catégories sociales – la noblesse du Dauphiné, par exemple – savent éviter les grossesses, et sans doute les Cathares pratiquaient-ils systématiquement l'abstinence, ce pour quoi un autre historien royaliste et catholique, Pierre Chaunu, les déteste et remercie le Ciel, Saint Louis, et la Sainte Inquisition de les avoir exterminés – bien que, reconnaît-il, le carnage ait été horrible. Imaginez que leur religion ait triomphé ! C'en était fait de la France.

Eh bien, en 1750, brutalement, c'en est fait de la France. Voilà que les paysans, partout ou presque, cessent d'enfanter. Les paroissiennes l'avouent à leurs confesseurs. Les confesseurs l'avouent à leurs évêques. Les évêques français font remonter la chose jusqu'à Sa Sainteté. Dans son ouvrage *Recherches et considérations sur la population de la France,* de 1778, Jean-Baptiste Moheau, l'un de nos premiers démographes, constate tristement : « On trompe la nature jusques dans les campagnes. »

Le choix du plaisir

Pourquoi cette mutation ? Personne n'a vraiment su répondre. Même Alfred Sauvy m'avouait ne pas avoir d'explication convaincante. La division de la propriété ? L'apparition d'un désir d'enrichissement ? La perte de la pratique religieuse ? La dureté du temps ? La diffusion des Lumières ? L'apparition soudaine du « mariage d'amour » ? Peu importe. Le fait est que la France entre la première dans la « transition démographique » et dans ce qu'on peut appeler *le souhait d'une vie équilibrée, dans une population stable.*

Aujourd'hui, la transition démographique a atteint des populations que l'on ne croyait pas susceptibles d'être touchées : les Canadiens, les Espagnols, les Italiens, les Latino-Américains, et désormais les musulmans, qui, petit à petit, cessent de proliférer *ad infinitum*. Seule l'Afrique noire n'a pas encore vraiment entamé sa transition démographique, mais le temps des deux enfants par femme viendra.

On dira que ma théorie est bien trop honorable pour la France, et c'est possible. Mais il y un triple corollaire à ce contrôle extraordinaire, et tout à l'honneur de notre pays.

Le premier est un certain respect de la population féminine. Les femmes ne sont plus de simples machines à engendrer. Le contrôle des naissances s'inscrit dans ce long respect de la féminité typiquement français. Oh, on va crier : la loi Neuwirth, en 1969, la loi Veil, en 1974, deux cents ans plus tard seulement ! Oui. La France est un pays macho, catho, brutal, lisez dans *Pot-Bouille*, de Zola, l'accouchement solitaire de la petite bonniche, Adèle, engrossée par tous les bourgeois de l'immeuble, et retenez vos larmes de rage en entendant les siennes, tandis que le ou les géniteurs, indifférents, festoient. Oui, l'avortement était puni de six mois de prison avant la loi Veil. Mais les hommes de l'Ancien Régime «font attention», et, ce faisant, veillent à leurs partenaires. Il me plaît d'associer cette rétention pulsionnelle non à une quelconque épargne monétaire, mais à une façon différente de considérer les femmes, que l'on trouve aussi dans l'amour courtois, et que l'on retrouvera de tout temps, hypertrophiée, ciselée, à la Cour.

Le deuxième corollaire concerne les enfants. Les Français inventent le respect de l'enfant. «L'enfance est la vie d'une bête», écrivait Bossuet. C'est à prendre au sens premier. Autrefois, l'enfant meurt et est traité comme une bête. Les infanticides et les abandons («expositions») sont monnaie courante. On tue les enfants par étouffement, «inconsciemment», dans les lits qu'ils partagent avec les parents et où ils font l'apprentissage de la vie charnelle. Corbeil-Essonnes a donné son nom aux corbillards qui ramenaient les petits cadavres des enfants laissés en nourrice à la campagne par les dames de Paris. A partir de 1750, en France, l'enfant apparaît. On sait ce qu'il est devenu : ce tyran domestique qui empoisonne la vie des pères, mères et professeurs. Une notion comme l'adolescence surgit soudain dans le royaume. On était adulte à douze ans, on le devient plus tard, avec une période de transition, qui sera plus tard une longue période d'éducation. Songeons que la majorité du roi est à treize ans, que l'on est évêque à dix-huit et général de la République à vingt, et regardons nos jeunes gens éduqués jusqu'à vingt-cinq ans, l'âge où ils peuvent mettre leur premier pied au barreau de l'échelle.

Tout ça n'a rien à voir avec l'enrichissement ou l'industrialisation. Et lorsque, au XIXᵉ siècle, le Nord, la Lorraine s'industrialisent, on reverra apparaître les familles nombreuses, car les enfants, qui peuvent descendre à la mine, sont des sources de revenus. La France a cinquante ans de retard sur la Grande-Bretagne, qui prolifère tellement que sa population va dépasser celle de sa voisine.

Il y a une dernière chose dont il ne faudrait pas créditer, mais débiter la France : la naissance du couple romantique. Avec l'enfant rare élevé longuement par un couple devait naître l'idée du couple éternel, et dès lors de l'amour éternel. Au Moyen Age, les mariages d'amour étaient aussi mal vus que les mariages d'argent. Le mariage avait pour fonction de pacifier les relations sociales, de réconcilier les familles, de supprimer les rancœurs, les vendettas. Tant mieux si en sus il y avait de l'amour. Mais celui-ci n'unit rien. On voit bien que Roméo et Juliette, par leur amour, n'ont guère pacifié les relations des Montaigus et des Capulets. Mieux eût valu organiser un mariage, et que Roméo et Juliette cocufiassent discrètement leurs respectifs. Tous les mariages princiers sont des mariages politiques, destinés à éviter les conflits (qu'ils provoquent le plus souvent, voir la guerre de succession d'Espagne). Nos braves paysans français, valorisant l'enfant, valorisant les relations hommes-femmes, vont faire naître ce mythe délicieux de l'amour éternel, que même les surréalistes, ces irresponsables, anarchistes, voyous et vaguement casseurs, reprendront à leur compte (c'est dire, au passage, le degré d'aliénation de ces «révolutionnaires»...). On peut écrire simultanément: «Avez-vous déjà giflé un mort[1]?» et *Les Yeux d'Elsa*, tout en refoulant douloureusement son homosexualité.

Dieu aime les gros bataillons

La thèse d'Ariès est extrêmement encourageante pour nous, aujourd'hui. Elle dédramatise la «Manif pour tous» et tout ce qui tourne autour, mariage gay, GPA, PMA et autres théories du genre. Ariès nous enseigne que, dans un pays ultra-catholique, ultra-pratiquant, les hommes et les femmes ont décidé de passer outre à l'enseignement de l'Eglise et de valoriser le plaisir. Qu'aujourd'hui, dans

____

1. Aragon, à propos de la mort d'Anatole France, qu'il envisageait de mettre dans une boîte de bouquiniste en guise de cercueil avant de balancer le tout à la Seine.

un pays qui n'est plus guère catholique et qui ne pratique plus guère, des manifestations sympathiques, papa-maman-et-les-blondinets avec des jolis ballons, s'attaquent au mariage homo et racontent que les cigognes apportent les enfants sertis d'un ruban bleu ou rose ou, pour les plus audacieux, que papa a mis la petite graine dans le petit vase de maman et que le monsieur ne peut pas faire ça au monsieur, malgré toute sa bonne volonté, cela n'est pas bien grave. Personne ne remettra en cause le mariage gay, même pas l'ancien président Sarkozy s'il revient aux affaires. Et plus encore, il est plaisant de voir ces manifestations animées par une drolatique «Frigide Barjot», faiseuse de canulars et de happenings, ex du groupe «Jalons», autodéfinie comme «fille à pédés», copine de «Basile de Koch», de «Daisy d'Errata», de «Hubert Mensch» (fondateur du délicieux «Nazisme et dialogue») et autres joyeux drilles. Frigide menant les troupes de la réaction est rassurante; beaucoup moins inquiétante, en tout cas, que les Guises faisant sonner le tocsin un certain soir d'août 1572.

Hors quelques émotions criées et ravalées, les Français adoptent un changement culturel radical envers leur passé chrétien. Ils l'ont toujours fait. Ils l'ont fait en 1969 avec la loi

Neuwirth et en 1974 avec la loi Veil, deux lois de la droite, l'une de Pompidou et l'autre de Giscard, auxquels il faut rendre hommage. Il faut comprendre que le peuple est non seulement beaucoup plus intelligent qu'on ne le croit, mais tout à fait disposé au changement. Ceux qui brament à «l'impossibilité de réformer la France» sont des incapables, des lâches ou bien les deux ensemble. Ils cherchent à faire retomber leurs échecs et leur culpabilité sur ces pauvres Français qui n'en peuvent mais.

Il faut aussi admettre que la France est un pays profondément chrétien, profondément marqué par le catholicisme – on ne canonise pas une Jeanne d'Arc pour rien –, même s'il n'a plus grand-chose à voir avec sa haute tradition, et que, précisément, la distance prise avec cette tradition peut lui rendre insupportable l'arrivée d'une religion, l'islam, dont les adeptes n'ont pas encore pris cette même distance.

On pourrait en dire autant avec l'armée et la guerre, autre «racine» de notre identité. La guerre et les hommes nombreux: longtemps les deux furent liés. «On dit que Dieu est toujours pour les gros bataillons», a écrit Voltaire dans une lettre, et Napoléon était soulagé de pouvoir disposer à tout moment d'un million d'hommes. On se souvient de sa phrase cynique, «Une nuit de Paris réparera tout cela», après la meurtrière bataille d'Eylau. La France met à feu et à sang l'Europe parce qu'elle est très peuplée et vient d'inventer la conscription. Invention qui faisait horreur à Bernanos, parce que ce n'est pas au peuple de payer le prix du sang, et qui conduira au carnage vicinal et fraternel des deux nations les plus civilisées du monde en 1914.

La France sans enfants va hanter des générations d'hommes de droite. Pierre Chaunu eût été bien étonné que la France fît à nouveau des enfants, alors que sa vieille rivale germaine, malgré son inconscient (*germinare...*), n'en concevait plus. Qu'importe, il est trop tard pour avoir beaucoup d'hommes, car les guerres ne se font plus à la main mais à la machine, depuis des bureaux, avec des drones, des ordinateurs, des soldats-informaticiens. Et la prochaine ne sera sans doute pas avec l'Allemagne. La vieille, très vieille notion de puissance militaire liée au nombre de divisions doit être abandonnée, et c'est heureux. La puissance est ailleurs, et la gloire aussi, même si nous traînons notre gloire et nos défaites militaires comme une épaisse vareuse souillée, décorée, mitée, ravaudée qui nous empêche de marcher.

Seuls les communistes ont repris les thèses populationnistes, haïes par les anarchistes comme Rosa Luxemburg avec sa grève des ventres, parce que les prolétaires nombreux devaient submerger les rares bourgeois. Le prolétaire, étymologiquement, c'est celui qui n'a de richesse que ses enfants, comme dans les mines du temps de Zola.

La France sans enfants fut-elle l'explication de la déroute de 1940 ? En 1922, Drieu la Rochelle publie *Mesure de la France*. Ses défenseurs y retrouveront son admiration pour le courage des Juifs combattant en 14-18, exprimée à nouveau dans *La Comédie de Charleroi* – plus tard seulement Drieu tombera dans l'ignoble. *Mesure de la France* est intéressant à un autre titre : on y retrouve la théorie des vases communicants, qui rejoint celle de l'espace vital exprimée dans *Mein Kampf*. La France est vaste et peu peuplée, l'Allemagne plus étroite et peuplée. Immigration ou invasion ? « L'Allemagne surpeuplée ne pouvait apprendre sans indignation que certains de nos départements se vidaient. » Drieu reproche ensuite à son pays de s'être jeté avec un « engouement

[…] lascif» dans les bras de l'Angleterre, «à peine [essuyée] l'insulte de Fachoda». Pour les plus jeunes (et pour moi) à Fachoda, au Soudan, les Anglais reprirent un poste avancé français après que le commandant, le capitaine Marchand, eut exterminé, comme au tir aux pigeons, un petit millier d'«indigènes» qui voulaient aussi le récupérer. Honte pour la France, sous les sommations des Anglais, Marchand est parti. On n'a pas honte d'avoir exterminé un millier de nègres, mais d'avoir rendu les clefs à l'Anglais, comme ces ignobles bourgeois de Calais, rampants et prosternés, sauvés par les pleurs de la femme du roi. Cette humiliation de Fachoda eut un retentissement inouï. Mais que faire ? La guerre ? Pourquoi pas ? On la fit bien pour le meurtre lointain d'un archiduc ou le soufflet donné à un satrape… Drieu se répand ensuite sur l'esprit de mollesse, le goût du loisir et du lucre, la ploutocratie mondiale, la disparition des classes au profit d'une classe médiocre, l'horreur des machines qui chassent les hommes, la menace islamiste de l'autre côté de la Méditerranée (déjà !) et enfin la stérilité et l'onanisme (il revient assez souvent sur l'onanisme). «La France n'a plus fait d'enfants. Ce crime d'où découlent les insultes, les malheurs qu'elle a essuyés depuis cinquante ans. »

Mesure de la France est un texte encourageant. D'abord, on y retrouve tous les poncifs de l'amollissement lié au matérialisme – si c'était vrai, ces Anglais tant haïs auraient dû depuis longtemps nous précéder dans la décadence. Surtout, la question de la population y est essentielle, et elle le reste encore aujourd'hui.

L'un des pires fanatiques de l'Algérie française (et des meilleurs avaleurs de couleuvres) fut Michel Debré, hanté par la dépopulation française, qui voyait dans l'Algérie un magnifique réservoir de puissance industrielle et militaire, et rêvait pour le continent d'une France de 100 millions. Il n'est pas sûr que l'Union méditerranéenne voulue par Henri Guaino et rejetée avec horreur par les Allemands en décroissance humaine ne participe pas du même désir d'anéantir sous la masse l'ennemi héréditaire… Quant aux derniers rêves de Jacques Attali, ils concernent les 800 millions de locuteurs français potentiels, opportunité marchande s'il en est, mais, encore une fois, gage de puissance fondée sur la population. On ne se débarrasse pas aussi facilement des gros bataillons…

Grand remplacement ou maturité ?

La thèse des vases communicants ou de l'appel du vide n'est autre que celle du « Grand remplacement » portée par des écrivains d'extrême droite comme Renaud Camus, Alain Soral, Pierre-André Taguieff, ou encore Eric Zemmour, et de façon plus discrète par des auteurs plus modérés et fort sérieux comme Maxime Tandonnet[1]. Il faudra lui prêter beaucoup d'attention. Pour l'instant, retenons qu'au milieu du siècle des Lumières, la France décida, par le « coitus interruptus » des plus humbles, de s'arrêter. Non de disparaître, mais de s'arrêter, ce qui peut vouloir dire qu'elle avait, dans l'inconscient de sa population, le sentiment d'avoir atteint un équilibre.

Et qui nierait que le XVIIIe siècle, apogée du rayonnement français dans le monde, siècle de la domination sans aucune contestation du français, fut un siècle de merveilleux équilibre, porté par la noblesse, les artistes et les intellectuels ? Ce fut sans doute le seul moment de notre histoire où les « Grands », à côté des philosophes, participèrent au rayonnement

____

1. *Le Défi de l'immigration*, François-Xavier de Guibert, 2004.

du pays. Ensemble, Voltaire, Frédéric II et la Grande Catherine ! Certes, le cannibalisme se pratiquait ici ou là, les hivers de famine, mais les troupes royales ne s'y adonnaient plus, contrairement aux dragons qui rôtissaient et consommaient les enfants cévenols ; d'ailleurs la torture est abolie en 1780 : un signe !

Qui nierait que la France est aujourd'hui à la recherche d'un équilibre ? Entre religions, entre villes et zones de rien, entre industrie et écologie, etc. L'écologie participe d'un certain équilibre entre l'homme et la nature. Prenons Cécile Duflot. Supposons que les Français vivent comme elle, qu'ils pratiquent le tri sélectif et le vélo, votent écolo et fassent quatre enfants. Dans cent ans, la France compterait 960 millions d'habitants. Allez, un milliard. Est-ce vivable ? Difficilement. L'équilibre semble rompu. En fait, l'explosion de la population mondiale est due à l'effondrement de la mortalité infantile, concomitante d'une régulation des naissances. Il semble bien que cette régulation devienne la norme, autrement dit que le prolifique et sans contrôle « modèle Duflot » soit exceptionnel, ce qui est très encourageant.

Plus sérieusement, depuis 1750, il y a dix générations, la France a trouvé un équilibre de population. Avec trois siècles et demi d'avance, elle a préparé ce que sera la population mondiale de 2050-2100, à peu près stabilisée autour d'une quinzaine de milliards d'habitants. Dès lors, la France réalise l'intelligente adaptation équilibrée à son milieu. Elle cesse de faire sienne le «croissez, multipliez» fou de la Genèse, qui ne peut qu'aboutir à la destruction du monde. C'est un signe indiscutable d'intelligence et de maturité. La France est mûre pour une vie équilibrée, intelligente, et sans doute pour redevenir un modèle du monde entier.

La beauté de la thèse d'Ariès, c'est que le peuple, tout seul, comme un grand, a façonné le destin d'un pays. C'est une hypothèse, et elle est contestable, mais on peut penser qu'il existe quelque chose qui ressemble vaguement à un «peuple» français.

Une nation de paysans

Je suis – qui ne l'est? – issu du peuple. Mon grand-père était maréchal-ferrant, ma grand-mère couturière à domicile, mes grands-parents maternels marchands ambulants. Du côté de mon père, les Audois-Toulousains ne parlaient que patois et du côté de ma mère, les Alsaciens ne parlaient qu'alsacien. Modeste, indépendant, mon grand-père paternel était une sorte d'anar de droite, fidèle en amour mais ne fréquentant guère l'Eglise.

Ces gens étaient justes. Alain dit que le plus visible de l'homme juste est de ne point vouloir gouverner les autres. J'ai toujours perçu un fort sentiment d'anarchisme artisan chez mon grand-père, chez ses deux voisins aussi, le menuisier, Reste, et le cordonnier, Roumégous. Dans le soir parfumé, dans les derniers feux de la IVe République, en été, on sortait des chaises dans la rue, on discutait et on riait. Les gros chevaux à ferrer renâclaient à côté sous le hangar. Le parfum des tilleuls est l'un des plus enivrants que je connaisse, avec celui, particulièrement sucré, des buddleias, les «arbres à papillons». Mais la plus belle, la plus puissante des odeurs était celle du foin ou du blé coupé. La France est toute dans cette odeur de l'été. «La moisson de nos champs lassera les faucilles…» L'odeur de la fenaison signifiait «promesse»… De rencontre, d'aventure, de sourire féminin. En été, on allait de fête de village en fête de village, et ça dansait, dansait, buvait et se querellait parfois…

Travailler à la ferme me semblait le plus beau destin. La Saint-Jean, les moissons, les ouvriers agricoles italiens beaux comme des dieux et ruisselants de poussière de blé et de sueur, les grands festins, les blagues en patois et la piquette qui coulait, avec l'eau-de-vie. J'adorais l'eau-de-vie dans le café. J'avais dix ans. Je suivais les grands dans les fêtes, tremblais dans les bagarres. La nuit, le ciel vibrait d'étoiles, et toujours ce parfum affolant du blé coupé suivait les braillards qui rentraient. Mon grand-père n'aimait pas les Italiens. «Mais ils ont bien gardé nos femmes à l'arrière pendant la guerre», reconnaissait-il. Il ne parlait jamais de la guerre. Sauf pendant son agonie de huit jours, où il ne parla que de ça.

Revenant du Pérou, un pays sauvage, à peine achevé, en fusion encore avec ses volcans vivants, sa forêt gigantesque, ses montagnes qui semblaient d'un coup surgies des entrailles de la terre et dressées vers le ciel, je fus frappé par l'incroyable civilité, par la douceur de la campagne française. La France semblait un jardin propret, entretenu, taillé, civilisé, ordonné. Tous ces carreaux de campagne, qui reflétaient des générations de labeur méticuleux… Toutes ces haies, ces rivières, ces petits lacs, ces boqueteaux, cette mosaïque de champs ratissés… Une France proprette… Quel paysage apaisé, achevé! Que de lenteur en lui! Cela disparaît près des métropoles, mais jusque dans ces milliers de pavillons égoïstes et coquets avec leur minuscule piscine bleue restait une trace de civilisation. Le moindre carré de terre paraissait cultivé. L'écrivain franco-russe Iegor Gran m'avouait avoir le même sentiment lorsqu'il arrivait de Russie.

On disait que le paysan français avait vaincu l'ouvrier allemand en 14. C'est un peu vrai. La place morale des paysans en France reste immense. Elle se rêve une nation paysanne, même si les paysans ont laissé place à une agro-industrie délétère et destructrice, abreuvée aux subventions, hideuse dans ses immenses élevages pour animaux. A l'extérieur, les Français ont une réputation de petits paysans, avares et madrés. D'eux, l'économiste Keynes disait : «Des petits paysans assis sur leur magot.» Il faisait allusion à l'or conservé dans les caves de la Banque de France, et à la convertibilité du franc en or maintenue jusqu'en 1936, convertibilité qui épuisait l'économie française déjà affaiblie par la stupide déflation Laval. Le franc restait convertible, alors que toutes les autres monnaies avaient abandonné la conversion suite à la Grande Crise. A la fac, on m'apprit que la «productivité» exigeait du remembrement, de grandes surfaces, le nivellement des haies et des fossés, des engrais et des machines. J'étais donc convaincu qu'il fallait niveler et mécaniser. Je pense aujourd'hui le contraire. Pisani, le ministre de De Gaulle, fit aussi à ce propos son mea-culpa. Encore un Italien.

Dieu n'aime plus les gros bataillons français qui n'existent plus, et la France n'a plus de paysans. Or la France se rêve encore au pont d'Arcole ou moissonnant la Beauce ondulante à la faucille et battant le blé au fléau. Le «grenier à blé de l'Europe», proposait Laval à Hitler, qui préférait le lupanar pour ses soldats, et exigeait de Bichelonne que l'industrie travaillât directement pour la Wehrmacht.

On ne pourra jamais empêcher les Français de se prendre pour des paysans ou des guerriers, il faut faire avec. Autant les obliger à fermer le Louvre, qu'ils sont fiers d'exporter chez des Bédouins. Entre bonne bouffe et agriculture modeste et saine, le côté paysan peut revenir. La jacquerie imprègne encore les «bonnets rouges» et leur révolte dans un pays qui n'en fut pas avare.

Mais le vieil équilibre de l'ordre éternel des champs, qui est tellement important parce qu'il signifie l'«éternité d'un pays», ne reviendra plus.

Quel nouvel équilibre porterait une autre éternité ?

Adieu, Vidal de La Blache

> «La beauté du pays est si variée, et, à tous égards, si frappante et si intéressante, que je n'entreprendrai pas une description détaillée. Qu'il me suffise de noter seulement, d'une manière générale, que je doute qu'il y ait rien de comparable en Angleterre et en Irlande.»
>
> Arthur YOUNG, *Voyages en France*

> «La forme d'une ville change plus vite, on le sait, que le cœur d'un mortel.»
>
> Julien GRACQ

Pourquoi Julien Gracq, les surréalistes ou les situationnistes se sont-ils tellement intéressés à la forme des villes ? Pourquoi cette ode aux passages et aux labyrinthes dans *Le Paysan de Paris* d'Aragon ? Pourquoi Patrick Modiano a-t-il construit son œuvre sur le mystère des villes ? Parce que «l'air de la ville rend libre», comme dit le proverbe allemand. Autrefois le serf poursuivi par le féodal se réfugiait en ville.

Aujourd'hui s'y réfugient le migrant, le voyageur, le couple adultère… Anonymat, opportunités, mobilité, mystère, aventure, risque, découverte, contestation, révolution, bonnes fortunes, amours, tout est dans la grande ville.

Tout ce qui peut être contraire à l'ordre éternel des paysages et des champs et au terrible contrôle du village, où chaque pas est signalé par des aboiements et des rideaux qui se lèvent. Homme libre, toujours tu chériras la ville ; homme libre, toujours tu chériras Paris.

La France a pu se raconter cette chose extraordinaire : elle était le pays de l'ordre et de la beauté, de la diversité, de l'équilibre, de la paix des champs ; et le pays du mouvement, des arts, de l'invention et de la liberté avec Paris. En 1877, *Le Tour de France par deux enfants*, de G. Bruno, s'achève en apothéose à Paris après une déambulation dans la beauté des paysages, des métiers et des traditions.

C'était il y a cent cinquante ans. C'est ce que me racontait M. Vergniaud. C'est, hélas, encore ce qu'on se raconte…

La fable de la France rurale

A-t-on évolué depuis Vidal de La Blache et son *Tableau de la géographie de la France* de

1903[1]? Non. Notre imaginaire raconte toujours la diversité des reliefs et des paysages, des climats, des maisons, normandes ou alsaciennes, de pierre ou de brique, basques ou provençales, la multitude des cloîtres, églises et chapelles dans et autour des 36 500 communes, la douceur angevine et le bleu des Vosges, le mistral glacé et le chaud vent d'autan, la Seine hésitante, le Rhône irrépressible, la Loire paresseuse et la Garonne redoutable.

Beaucoup plus sympathique que *Le Suicide français*, *Mélancolie française*[2], d'Eric Zemmour, s'ouvre sur l'incroyable richesse du paysage et cette belle phrase : «La France n'est pas en Europe; elle est l'Europe.» Elle passe de l'Espagne torride à la Grande-Bretagne pluvieuse, de l'Italie rouge et dorée à la sombre Allemagne. Elle est le jardin de l'Europe, des orangers de Bretagne aux oliviers de Trèbes, qui marquent, après Carcassonne, le début du climat méditerranéen. L'Angleterre n'avait que la mer, l'Allemagne n'avait que le continent, nous, nous avons trop : la Grèce à Agde, Rome à Narbonne et Toulouse, l'Amérique à Brest, l'Afrique à Bordeaux, le Moyen-Orient

---

1. Réédité en format de poche par La Table Ronde, 1994.
2. Fayard, 2010.

à Marseille. Nous avons les plaines et les plus hautes montagnes. Nous avons les Basques, qui n'appartiennent à personne.

Et pour coiffer le tout, nous avons même Dieu et le Ciel, à Chartres, Reims et ailleurs, que les flèches de nos cathédrales saluent.

Quelle merveille d'équilibre que ce pays situé à égale distance du pôle et de l'équateur, au contour harmonieux d'une régularité presque géométrique, où le blé, l'olivier et la vigne méditerranéenne côtoient la lande et la bruyère et l'élevage du Limousin pluvieux. Vidal de La Blache écrit que : « De bonne heure les établissements humains paraissent y avoir acquis de la fixité ; l'homme s'y est arrêté parce qu'il a trouvé, avec les moyens de subsistance, les matériaux de ses constructions et de ses industries. Pendant de longs siècles, il a mené ainsi une vie locale, qui s'est imprégnée lentement des sucs de la terre. [...] Il y a un fait que l'on a souvent l'occasion de remarquer dans notre pays, c'est que les habitants se sont succédé de temps immémorial aux mêmes endroits. [...] L'homme a été, chez nous, le disciple longtemps fidèle du sol. » Les sucs de la terre ! Voilà qui colle à nos chaussures, la terre ! Pierre Chaunu insiste sur les générations enfouies, l'une après l'autre, dans le sol accueillant de la France. Ces hommes et femmes enterrés dans le sol de France, ils viennent de loin : il y a cinquante mille ans, ils enterraient leurs morts du côté de La Chapelle-aux-Saints, de la Ferrassie, du Mas-d'Azil, puis ils inventaient l'art et la métaphysique en décorant Chauvet et Lascaux.

Habitant le centre du monde, dans ce cadeau des dieux entre le monde de la Méditerranée et celui des Barbares, comment les Français n'auraient-ils pas été condamnés à l'exceptionnel et à l'universel ? Quelle autre dimension que celle de l'Univers pour accucillir lcurs idécs, leur rayonnement, et tout simplement leur génie ? Chartres, Versailles, la Révolution, la République et les droits de l'homme ne se sont-ils pas inscrits il y a dix mille ans dans ce pays tempéré, équilibré, divers et serein ?

France ! Ô belle contrée ô terre généreuse,

Pays qui chante : Orléans, Beaugency, Vendôme !
Cloches, cloches ! sonnez l'angélus des oiseaux !
Je vous salue, ma France aux yeux de tourterelle,
[...]
Je vous salue, ma France, où les blés et les seigles
Mûrissent au soleil de la diversité...

Ainsi écrivait un communiste[1]. Il n'y a plus guère de tourterelles en France, encore moins d'hirondelles, et bientôt plus d'abeilles, mais *L'Angélus* de Millet ou *Les Meules* de Monnet sont encore là, au musée du moins.

En 1911, Vidal de La Blache parle de l'Alsace et de la Lorraine (qui sont alors allemandes) mais il n'évoque pas l'Empire, qui est pourtant de grande taille… Comme si la terre entière allait de soi pour absorber les idées d'un peuple qui n'a jamais voulu quitter ses pénates… Le Français n'est pas un migrant. Il abandonne facilement. On le lui a assez reproché, au Canada ou en Louisiane. Expliquant son «Vive le Québec libre!» à ses ministres, le général de Gaulle avoua tristement qu'il ne pouvait pas ne pas réconforter ceux que nos rois avaient abandonnés. Il sera plus dur avec les harkis. César remarquait que, passé les premières charges, terrifiantes, si l'on tenait un tant soit peu en face, les Gaulois abandonnaient, et repartaient.

Comment ne pas repartir chez soi, dans la Douce France? Géographiquement, la France est un terminal. On s'y arrête et on s'y installe.

Insularité dédaigneuse? Paresse? Peut-être. Sentiment d'être le modèle, et dès lors de ne

---

1. On aura reconnu Chénier, puis Aragon.

guère s'intéresser à un monde que l'on méconnaît largement? Les Français aiment l'histoire, ignorent la géographie. Personne en France, pas même l'économiste que je suis, n'est capable de donner la liste des pays de la zone euro, et encore moins le nom du dernier adhérent[1].

Donc la France, pays rural. Sauf que la France n'est plus un pays rural. Il y a en France moins de 500 000 agriculteurs exploitants et moins de 200 000 salariés agricoles. Le nombre de propriétaires y est encore élevé, mais la terre n'est plus chez nous «la nourricière de ses enfants», comme l'écrivait Vidal de La Blache. Les Allemands d'aujourd'hui sont bien plus compétitifs que nous dans l'agro-alimentaire. L'agriculture, telle que nous la rêvons, n'existe plus. Elle est devenue une part de la grande distribution, elle-même mariée à l'industrie agro-alimentaire. Propulsé par les aides européennes et la course productiviste, polluante et destructrice de l'environnement, l'agro-alimentaire a détruit l'ordre éternel des champs et la parcellarisation du sol autour des 36 500 communes françaises. L'agro-alimentaire n'est plus la petite propriété paysanne, et il n'y a plus un «nombre extraordinairement élevé de

____

1. La Lituanie.

paysans-propriétaires[1]», ces paysans qui firent la force des armées françaises, car la paysannerie, disait-on, avait quelque chose à voir avec la valeur militaire. On rappelait que les Romains, contrairement aux Grecs, urbains, étaient un peuple de paysans ; M. Vergniaud nous contait l'histoire du Grand Ferré, ce paysan qui massacra tant et tant d'Anglais qu'il en attrapa un chaud et froid : il dut s'aliter après avoir bu trop d'eau, se releva pour tuer quelques imprudents qui revenaient lui chercher querelle, se réalita, et mourut. Brave Grand Ferré, qui par anticipation nous vengeait de Fachoda !

Pourquoi toujours raconter la fable de la France rurale ? L'imaginaire français a encore envie de croire à la France rurale. C'est un vieux pacte entre le pouvoir central et les régions, un vieux pacte qui se méfie des villes, des bourgeois, des intellectuels, des marchands. Entre le Prince et le paysan se noue une très vieille stabilité que la ville remet en cause parfois : en 1789, en 1848, en 1870, en 1968... L'Etat a une dette envers ses paysans. Il les a forcés à rejoindre la France, une

---

1. Jacques Lévy, «La clé est au tableau. Merci monsieur Vidal», *Espaces Temps*, n° 8, 1978.

et indivisible... Comment peut-il ne plus les assister ? En Angleterre, l'Etat a partagé avec les lords, en Allemagne avec les Länder... En France, avec personne. La masse des paysans lui a fourni les soldats, sans vraiment rechigner, et l'épargne, les campagnes ayant été vidées de leur or pendant la Grande Guerre. Tandis qu'une partie des ouvriers des usines restaient à les faire tourner, les femmes ont fait les moissons (Arthur Young était déjà étonné par leur participation aux travaux des champs).

En échange, l'Etat a donné aux paysans le Sénat, les cantons, les départements, où les votes des maires des communes vides sont essentiels. Mon ami Jean-Pierre Bel, président du Sénat, fut au départ un élu du canton de Lannemezan, sans doute l'un des plus vides et des plus pauvres de France. Le monde rural représentait les trois quarts des Français jusqu'en 1914 ; il a disparu, mais ses mânes font toujours la politique de la France. « Les citoyens morts, représentés par les élus des territoires vides, s'invitent aux côtés des vivants pour délibérer. [...] Ne faut-il pas [...] constater que le peuple des vivants est pris en otage par les représentants autoproclamés du peuple des morts[1] ? »

____

1. Jacques Lévy, *Réinventer la France*, Fayard, 2013.

De Gaulle, qui voulut remettre en cause cet état de choses, le paya du pouvoir. Le 24 mars 1968, il déclare: «L'effort multiséculaire de centralisation, qui [...] fut longtemps nécessaire [à notre pays] pour réaliser et maintenir son unité malgré les divergences des provinces qui lui étaient successivement rattachées, ne s'impose plus désormais. Au contraire, ce sont les activités régionales qui apparaissent comme les ressorts de sa puissance économique de demain.» Le 27 avril 1969, il est chassé par le «non» au référendum proposant la fusion du Conseil économique et social avec le Sénat et une vraie réforme des régions. A Maurice Genevoix, qui lui avait envoyé *Tendre bestiaire,* il écrit que la lecture charmante de ces histoires d'animaux le consolera de l'ingratitude des hommes…

La politique agricole française est un échec. Le système des subventions européennes a transformé l'agriculture en monstre chimique, polluant et dévastateur pour les paysages, sans guère de retour sur investissement: les exportations françaises sont plus faibles que les exportations allemandes par exemple. Ces subventions sont allées aux plus gros et aux plus violents, les céréaliers. Un patron de syndicat agricole est devenu ministre de l'Agriculture. La France est championne dans l'utilisation des nitrates, l'élevage industriel malsain et cruel, elle importe du bois, ne sait pas gérer ses forêts. Arthur Young, si bouleversé par la beauté des paysages cultivés, ne reconnaîtrait pas grand-chose. Entre la friche et le périurbain, s'étale désormais une agriculture hideuse qui n'est même pas rentable.

Adieu, Vidal de La Blache. Adieu, paysan français. Peut-être reviendras-tu avec une agriculture bio ? Aidé par des « néo-ruraux » qui auront envie de mettre la main à la pâte ? En attendant, adieu. Depuis 1980, la France est totalement urbanisée, de façon plus ou moins dense ; mais tout se passe comme si le paysan poussait encore le char de l'Etat tiré par le Prince.

Le retour de la France éternelle

Adieu ? Pas si vite ! Voici que les démographes-anthropologues Hervé Le Bras et Emmanuel Todd aussi nous affirment[1] que rien n'a changé à l'ordre éternel des champs que nous connaissons depuis la Gaule chevelue ; que les révolutions industrielles ou

____

1. Dans *L'Invention de la France. Atlas anthropologique et politique*, Gallimard, 1re éd. 1981, rééd. 2012.

techniques n'ont pas effleuré l'«âme» de la France. Ils clament que les familles restent très diverses en France, par rapport à l'Angleterre, à l'Allemagne, voire à la Russie. Il y a plusieurs types de famille : nucléaire égalitaire (parents et enfants, typique de l'Angleterre), hiérarchique élargie aux fratries, famille souche (trois générations, typique de l'Allemagne), famille encore plus élargie comme en Italie, dite «patriarcale». En France, on trouve tout un mélange de ces archétypes.

A partir de la répartition géographique de ces modèles familiaux, Le Bras et Todd expliquent les comportements (suicide, mariage, folie...) et les votes. Le modèle fonctionne plutôt bien pour révéler des zones politiques, notamment celles où dominait le vote communiste et où domine aujourd'hui le vote Front national. Mais, frottez-vous bien les yeux : «La carte politique de la France [...] n'a pratiquement pas bougé depuis le début de la IIIe République.» Quoi? Depuis cent cinquante ans? Si c'est vrai, et les multiples cartes de nos auteurs sont assez convaincantes, cela veut dire que l'industrialisation, la mondialisation, Internet, la participation à l'Europe ont glissé sur l'oiseau France comme l'eau sur les plumes du canard... Depuis cent cinquante ans, le rapport à l'autorité tel qu'il est défini dans les structures familiales impliquerait des différences de vote... Je ne suis pas très convaincu, mais l'important, dans cette belle démonstration, est le constat de l'hétérogénéité anthropologique fondamentale, irréductible, qui confirme que la France n'est pas, à la façon de l'Angleterre, de l'Allemagne, de l'Irlande, de la Suède, de la Russie, de la Grèce ou de la Pologne, une «nation ethnique», comme on disait au XIXe siècle. «Sur le plan des structures familiales, il y a autant de différences entre la Normandie et le Limousin qu'entre l'Angleterre et la Russie». Assertion un peu grandiose, mais enfin... Que la France soit beaucoup plus diversifiée, anthropologiquement, que la vieille Russie où cohabitent 170 nationalités, groupes ethniques et autant de langues... voilà qui est surprenant. Résumons avec Rousseau : «Le chef est l'image du père, le peuple est l'image des enfants.» Selon le type de famille d'où vous venez, famille nucléaire élargie, communautaire, ou hiérarchique, vous serez plus ou moins «démocrate»...

De l'ouvrage de Le Bras et Todd, on retiendra quelque chose de beaucoup plus fondamental, sur lequel l'hyper-traditionaliste, royaliste et néanmoins historien Pierre Chaunu s'est jeté avec avidité, rejoignant ainsi Tocqueville et toute la droite intelligente, et que les deux chercheurs nous livrent comme conclusion : *du fait de sa diversité, la France est condamnée à la tolérance*. Citons nos gaillards : «Tant que durera la diversité française – et ne serait-ce qu'au vu des indices de fécondité et des quotients de mortalité, elle se porte bien – la France sera condamnée à la tolérance.» Car voici le paradoxe des paradoxes : cette France de la diversité rêve, depuis fort longtemps, au moins depuis les Lumières, d'un homme universel, d'un homme unique. La nation la moins homogène a dû penser le plus impensable, l'homme qui naît libre et égal. Immensément fière de sa découverte, elle a tenté de l'imposer au monde, à tout le moins à l'Europe, à coups de fusil. Sans succès.

S'il existe un «génie national», il est dans la résolution de cet oxymore : un pays anthropologiquement des plus divers, géographiquement divers, climatiquement divers (nous n'irons pas chercher jusqu'à la «théorie des climats» de Montesquieu, et dissoudrons l'influence du vent sur la nervosité ou celle de la chaleur sur la paresse dans l'ensemble des structures anthropologiques...) et tout entier tourné vers l'unité.

L'unité et l'indivisibilité du Royaume puis de la République, et l'universalité du sujet puis du citoyen. Pour le dire comme Le Bras et Todd : «Unité du projet et gestion pragmatique de la diversité.» Ainsi, l'homme homogène (blafard, blond, pâle, à l'œil bleu ; ou brun, crépu, à l'œil vif et noir) est un danger pour l'unité nationale. Ni l'un ni l'autre ne peut exister en France. Ni le Sémite, ni l'Aryen, ni un troisième, un Noir ou un Jaune par exemple. Les trois sont trop dangereux. La France ne peut élaborer de stéréotype. «Dans l'Hexagone, parce que le Français n'existe pas, le juif ne peut pas exister.» J'adore cette phrase de Le Bras et Todd. J'ajoute : le musulman non plus ne peut pas exister. Voilà tout le profit que l'on peut retirer d'une immigration musulmane originaire d'Afrique du Nord ou d'Afrique noire : une chance de plus dans l'impossibilité de définir un Français, une chance de plus dans l'éternel questionnement, le cheminement vers l'homme universel, vers le jour où les parallèles se croiseront à l'infini, juifs, musulmans et chrétiens. La France est une tension perpétuelle vers l'homme universel, celui de la Déclaration des droits de l'homme.

Quand on sait (Le Bras et Todd *dicunt*) que les musulmans ne pratiquent pas plus que les chrétiens, et que les femmes musulmanes adoptent assez vite le comportement de fécondité des Françaises de souche, ou des Françaises issues de plusieurs générations vivant dans l'Hexagone, on peut être rassuré. Le Français, cet insaisissable, et la France ont un bel avenir. «Dès la deuxième génération d'origine maghrébine, ce système familial [n'accordant qu'un statut bas aux femmes et favorisant l'endogamie, le mariage entre cousins] explose, s'évanouit. Enfermement des femmes et mariages entre cousins disparaissent des banlieues françaises[1].»

C'est donc de la France éternelle que parlent encore un Juif et un Breton, anarchiste et savant, Todd et Le Bras. La France durable au-delà des changements, politiques, économiques. Déjà Tocqueville nous avait affirmé que la France était restée la même malgré la blessure de la Révolution (au moins 1,5 million de morts en vingt-cinq ans «tout compris» si l'on peut dire; c'est comparable à la grande blessure de la Première Guerre mondiale). Déroulède disait que socialistes, libéraux, radicaux, royalistes, tout cela n'était que des prénoms pour le même patronyme. Barrès

---

1. *Ibid.*

s'était précipité pour verser une larme sur le cercueil de son vieil ennemi, Jaurès, assassiné, et Vidal de La Blache de conclure ainsi son merveilleux ouvrage : «Des révolutions économiques comme celles qui se déroulent de nos jours impriment une agitation extraordinaire à l'âme humaine ; elles mettent en mouvement une foule de désirs, d'ambitions nouvelles. [...] Mais ce trouble ne doit pas nous dérober le fond des choses. Lorsqu'un coup de vent a violemment agité la surface d'une eau très claire, tout vacille et se mêle ; mais, au bout d'un moment, l'image du fond se dessine de nouveau. L'étude attentive *de ce qui est fixe et permanent dans les conditions géographiques de la France* doit être ou devenir plus que jamais notre guide[1].»

Dans un second ouvrage tout aussi surprenant[2], Todd et Le Bras redoublent d'optimisme. L'idéal d'homme universel reste là. Le passé reste «indestructiblement présent» et la fabuleuse modernisation des années 1980-2010 s'est révélée très positive. Décollage intellectuel, révolution des mœurs, liberté des femmes, et pour finir «optimisme inconscient

---

1. *Tableau de la géographie de la France, op. cit.,* souligné par moi.

2. *Le Mystère français,* Seuil, 2013.

de la société». Fi du spleen de l'individu postmoderne, de l'hyper-narcissisme, de la jouissance triste, de la perte du sens, du détraquement moral : *niet*. Et dans un saut vertigineux, nos amis nous disent que la France éternelle explique toujours la modernité, «forcément parce que la mémoire des villages et des hameaux de l'ancienne France a pénétré les villes». Le Grand Ferré dort du côté de Denfert-Rochereau. Ce n'est donc pas la ville à la campagne qui a détruit la salubre morale de nos ancêtres, c'est la campagne à la ville qui a fait pénétrer jusque chez les bobos, et sans doute les banlieusards, la douceur de nos paysages et la couleur des moissons.

Cette interprétation des choses me ravit. Elle voudrait dire que malgré le saccage urbain et périurbain, malgré l'immigration, ne disons pas l'ordre éternel des champs, mais l'«éternité anthropologique de la France» se perpétue. L'«âme», comme dirait Max Gallo, survit, migre de forme en forme, au-delà de toutes les transformations culturelles (niveau d'éducation) ou économiques (niveau de vie et modes de consommation). Il existe «une vie humaine et sociale des profondeurs, indépendante de l'actualité économique et politique mise en scène par les médias, [qui échappe] à la perception du monde rétrécie qui sert d'évangile à l'instruction des élites[1]». Cette «perception du monde rétrécie» est tout simplement l'économisme. Que la France, en France, chez elle, quand elle vote par exemple, échappe à l'économisme, est une évidence. Les mentalités, en particulier le catholicisme, même si la pratique a disparu, dominent l'économie. Et la mondialisation? Elle existe. Elle «tend à dissocier dans chaque pays, l'évolution économique, désormais internationale, de la dynamique des mentalités, qui reste nationale».

Aussi, malgré la stabilité du modèle français «obligé à l'universalité», malgré le poids immémorial des structures familiales et de la religion, l'économisme reprend le dessus à travers la mondialisation, en tirant les élites (mondialisées) et en rabaissant les autres (territorialisés). Nomades contre déboussolés, si vous préférez. Mais le problème de l'âme de la France... c'est qu'elle n'a plus de corps où se poser. Elle est condamnée à errer, comme un fantôme qui ne peut être apaisé. Autrefois elle avait la ville et la campagne... Aujourd'hui?

---

1. *Ibid.*

France urbaine et périurbaine

Paris et le désert français

L'opposition entre ville et campagne, permettant de satisfaire à la fois l'ordre éternel et la Révolution, se traduisait assez bien dans un ouvrage paru en 1947 sous la plume de Jean-François Gravier, *Paris et le désert français*. Pétainiste, maurrassien, populationniste, ennemi des Lumières, Gravier développe la thèse, extrêmement séduisante pour tout provincial, de Paris asphyxiant la province, pompant ses forces vives, ses élites, et laissant le territoire exsangue et dépeuplé. En fustigeant Paris, il fustige le centralisme républicain, jacobin, oublieux des terroirs, des traditions et du reste. Et surtout castrateur : en vidant les campagnes, dit-il, on dénatalise. Réciproquement, l'aménagement du territoire serait le fait d'élites parisiennes éloignées du terrain, qui, traçant dans leurs bureaux des droites sur des cartes, noient à des kilomètres, loin de leurs palais, des villages, rasent des forêts ou déplacent des populations pour implanter des aéroports.

On ne peut nier un certain écrémage – notamment politique – de la province. Comment devenir président, sinon à Paris ? Comment faire une carrière à la télé, sinon à Paris ? Mais le fait est qu'en réalité, Paris et l'Ile-de-France redistribuent plus vers la province que la province ne leur donne.

Depuis plusieurs décennies, les 18 % de la population vivant en Ile-de-France produisent 29 % de la production de la France. Soit une productivité presque double de celle du reste du pays. Et pourtant, le revenu du Francilien est à peine supérieur à celui du Français... Jacques Lévy[1] a calculé que le Francilien donnait 236 milliards d'euros à la France... Sachant que le système fiscal français avantage plutôt les riches et/ou rentiers, c'est nos chères classes moyennes qui fournissent l'essentiel de ce gros effort... Et ce n'est pas tout : sachant que les loyers sont beaucoup plus élevés dans Paris et en Ile-de-France, que la paire de chaussures, le café et le cinéma y sont plutôt plus chers qu'ailleurs, ce sont nos braves employés, ingénieurs,

---

1. *Réinventer la France, op. cit.*

concepteurs, enseignants, chercheurs, artistes et autres créateurs de richesses qui sont impitoyablement taxés au profit des «périurbains» et des régions pauvres. 1 000 euros le mètre carré à Foix, 8 000 à Paris... et pourtant les salaires des fonctionnaires y sont presque équivalents (mais il y a proportionnellement plus de fonctionnaires en Ariège; ne parlons pas des départements d'Outre-Mer). «En gros, les pauvres des régions riches paient pour les riches des régions pauvres», dit Jacques Lévy. «La force du système de redistribution territoriale inégale est qu'elle est à la fois massive et invisible.» Ce sont donc ces employés de bureau du centre de Paris obligés d'aller très loin pour trouver un logement accessible «qui sont visés par le flux permanent de stigmatisation des élites parisiennes». Amusant.

Relativisons les propos de Jacques Lévy: la productivité de la région parisienne n'est qu'apparente. Elle concentre les hauts revenus, elle accueille les sièges sociaux d'entreprises ayant des activités dans d'autres régions françaises, elle n'est que le reflet de la capacité des dirigeants des grands groupes à capter une part de la richesse produite ailleurs. Serait-ce un phénomène de rente plus que de productivité? N'empêche, il reste vrai que le système fiscal français taxant relativement mieux les classes moyennes, ce sont elles qui entretiennent le «désert».

Ainsi Foix, préfecture de la désertique Ariège, 9 800 habitants, au pied de son magnifique château. Beaucoup de pauvres, de minima sociaux, de chômeurs, de fonctionnaires, d'équipements publics, et de joie de vivre. Un cadre somptueux. Un ancien maire avait concocté tout un système pour dissuader les touristes de stationner (c'était dire l'amour porté aux allogènes), le nouveau favorise leur accueil. Par chance, les Fuxéens ont échappé au gaz de schiste, qui devait surgir dans leur dos. A mon sens, mais je peux me tromper, l'Ariège apporte infiniment plus à la France en termes de patrimoine que l'inverse. J'en dirais autant de la Corse. Autrefois, l'Ariège produisait de l'aluminium et du fer. La désindustrialisation est passée par là. A qui la faute? Aux Ariégeois ou aux «élites» parisiennes qui préfèrent la finance à l'industrie?

La France du périurbain

Au moins l'Ariège n'est-elle pas encore trop touchée par le «périurbain», cette zone indéfinissable entre la campagne et la banlieue, que rien sinon l'ennui et la laideur ne semble définir.

La France n'est plus l'Ariège ni Paris, catégories bien visibles et rivales selon Gravier, elle est désormais le «périurbain». 78% des Français vivent dans un espace à dominante urbaine. Cela va des centres-villes des grandes métropoles aux espaces diffus et pavillonnaires, coincés en bout de ronds-points, en passant par les petites et moyennes villes et les banlieues infinies et compliquées, ces banlieues qui ne semblent jamais s'arrêter. Pour avoir travaillé longtemps en banlieue, en Seine-Saint-Denis exactement, je peux témoigner que celle-ci relève en général du non-sens urbain, de l'anomie, du désordre mou et désespérant. La banlieue est un désert urbanisé et habité, qui s'étale à l'infini, qui ne s'achève jamais, qui n'a ni centre ni périphérie, rien. Au-delà de la banlieue, il y a ce que les géographes appellent un «espace à dominante urbaine». Un espace à dominante urbaine est encore moins qu'une banlieue qui est moins qu'une ville.

«Habiter une ville, c'est y tisser par ses allées et venues journalières un lacis de parcours»: qui mieux que Julien Gracq parle de Nantes? L'urbain marche. Le périurbain roule. Du fait de l'étalement urbain, la proportion des Français vivant dans les villes-centres n'a cessé de régresser.

Une majorité de Français vit donc dans ces territoires périurbains, ruraux ou industriels, faits de petites et moyennes communes à l'écart des villes denses. Ces zones floues sont, selon nos géographes et démographes, plus dynamiques, en termes de démographie, que celles des grandes villes : elles attirent encore un reliquat de ruraux, et désormais ceux qui, apeurés, quittent les banlieues ou les grandes villes. Outre la dynamique migratoire, la croissance naturelle y est également forte. Pour résumer : la croissance démographique des villes et des banlieues est surtout le fait d'une population plutôt immigrée ; la croissance démographique globale de la France est bien le fait de ce « périurbain » plutôt de souche[1].

Cette France périphérique est celle des plans sociaux, des revenus modestes, des chômeurs et des taux de pauvreté élevés, coexistant avec des retraités, des précaires, des « néo-ruraux » et autres super-précaires.

____

1. Dans *Fractures françaises* (Champs-Flammarion, 2013), Christophe Guilluy cite le cas de la Mayenne, typique de la France périphérique, où existe une forte croissance naturelle.

C'est aussi la France du rêve de la maison individuelle, à laquelle les Français sont très attachés. Elle s'est substituée au lopin de terre du paysan ou de l'artisan du XIXe siècle. Mais cette maison n'a pas grande valeur, et elle la perd facilement, tandis que l'immobilier des centres-villes voit la sienne exploser. La maison individuelle implique stabilité, attachement au lieu, refus de la mobilité, du fameux « nomadisme » qui caractérise les élites heureuses ou profiteuses de la mondialisation.

Cette France périurbaine est méprisée. Le mépris pour le pavillonnaire s'affiche dans les films, les romans, avec l'image d'Epinal du bougon en surpoids derrière sa clôture ornée d'un panneau « Chien méchant ». C'est la France des « beaufs », celle du film *Dupont Lajoie*, du peuple qui n'est plus le peuple du faubourg Saint-Antoine, hérissant des barricades, toutes professions mêlées. Allez faire des barricades autour du rond-point, votre horizon indépassable…

Un néant géographique ?

La géographie se bouleverse sous nos yeux. Nous ne pouvons pas ne pas voir comment le paysage de France se transforme de façon désastreuse. Il existait un lien très fort entre l'ordre éternel des champs, le nombre fabuleux de petits propriétaires qui ont modelé nos terroirs, et le refus de l'Histoire. Ce n'est plus vrai. Le nombre de communes ne bouge pas, mais celles-ci sont vides, comme leur église sans curé, leur école sans élèves, leur centre-ville sans bureau de poste ni bistrot. Le problème est que la coupure entre le rural et l'urbain a disparu. C'est l'incertain, l'interminable qui caractérise le paysage français. Souvenons-nous de la première affiche du candidat Mitterrand contre de Gaulle, en 1964 : un visage sérieux et de grands poteaux électriques derrière, l'énergie, le socialisme, l'électrification. Bien. Ça ne fonctionne pas. L'affiche de 1981 est beaucoup plus intéressante : un village éternel, le bleu marial, la force tranquille. L'ordre éternel. La France éternelle.

Peu importe que Dieu n'existe pas, prions pour lui car il nous protège ; peu importe que la France éternelle n'existe pas, votons pour elle. Elle est là, toujours là, douce madone si souvent incarnée dans des femmes, et nous lui ferons nos dévotions[1].

---

1. L'affiche promouvant Nicolas Sarkozy pour l'élection de 2012 montrait comme fond la mer… Erreur ! La France est terrienne. « Et plus que l'air marin, la douceur angevine. »

Tout cela a volé en éclats. Il y a de l'urbain, certes, mais surtout du périurbain, de l'hypo-urbain, de l'infra-urbain, aux confins de «territoires» eux-mêmes mités par des zones pavillonnaires errant entre des friches industrielles. C'est là, géographes et démographes sont d'accord, encore une fois, que se trouve le vote protestataire.

Certes, la France est restée très longtemps celle de Vidal de La Blache, de Chaunu et de Todd et Le Bras. En 1974 encore, quand arrive Giscard, la France n'est guère différente de celle de 1917, même si la révolution agricole l'a déjà bien dévastée. La grande mutation pavillonnaire date justement de Giscard, avec un code de l'urbanisme favorable à une occupation anarchique de l'espace, tandis que la pression foncière et le prix du mètre carré chassent les pauvres et les classes moyennes des grandes villes (et maintenant des banlieues). On peut remercier Pompidou d'avoir adapté la ville à la voiture, et Giscard la campagne au pavillon.

Certes, la France n'est pas l'Amérique, où rien n'existe en dehors de la voiture individuelle. Et il est vrai que depuis une vingtaine d'années, les villes, même si leur solde migratoire est négatif, recommencent à attirer des habitants, en particulier cette sympathique espèce, les bobos. Mais en France comme ailleurs dans le monde, l'insignifiance du coût des transport a permis aux habitants modestes de quitter les villes. Au prix d'un gros budget voiture, ils ont abandonné leurs quartiers ouvriers et révoltés, souvent insalubres, pour des pavillons pimpants et une affreuse solitude. Dans le périurbain, pas de problème ni de contrainte écologique, pas d'innovation, d'associations, de marchés, de vie de quartier, de ciné, de théâtre, de piscine, de salle de sport ou de maison de la culture, pas de clinique ni d'hôpital de proximité, pas d'espaces publics – contrairement à la banlieue, longtemps occupée par les communistes qui surent y tisser un réseau collectif assez dense. Pas de transports publics, donc finalement moins de mobilité, hormis le sempiternel embouteillage vers le travail, en semaine, et le supermarché, le samedi (et bientôt le dimanche). Comme il ne s'y passe rien, pas d'ascenseur social, pas de réussite scolaire, et pas d'emploi. Le périurbain est occupé par des personnes qui ont quitté la banlieue, laissée aux immigrés de première, deuxième, ou troisième génération. Elles ont moins que ceux-ci profité des politiques de la ville, qui ne leur étaient pas destinées et ne le sont toujours pas. Comment destiner une politique à ce qui n'existe pas ?

En 1996, le « Pacte de relance pour la ville » a défini des zones urbaines sensibles, où l'habitat était jugé dégradé et à rénover. Paradoxalement, selon Christophe Guilluy[1], les zones urbaines sensibles (la Seine-Saint-Denis, par exemple) sont des zones où l'accès au logement social est plutôt réservé à la population immigrée, où la dynamique de l'emploi est forte ainsi que la mobilité et l'accès aux services publics et culturels. La population qui vit dans ces quartiers prioritaires, où l'attention des pouvoirs publics est grande, est majoritairement concentrée dans la région parisienne et autour des villes de plus de 2 millions d'habitants.

Laissant ces « faveurs » aux immigrés, car ils ont peur de se retrouver minoritaires, les « petits Blancs » préfèrent refluer vers la périphérie, qui est aussi la France de la déchéance industrielle et des plans sociaux. Ainsi, la

---

1. *Fractures françaises, op. cit.* et *La France périphérique*, Flammarion, 2014.

population d'origine immigrée ne serait pas la plus défavorisée, loin de là.

Très justement, Jacques Lévy remarque que les politiques de la ville se trompent de cible : c'est là où l'espace public et les transports publics ont disparu qu'il faudrait en créer, dans le périurbain. Dans la nouvelle politique de la ville définie en 2013, le critère du revenu s'est enfin substitué au critère du « quartier » (définissant et privilégiant de faux ghettos), permettant de renouer avec les zones péri-urbaines oubliées. Mais lors de l'inauguration du musée de l'Immigration, le discours du président de la République a renoué avec la thématique des quartiers sensibles.

La Douce France, la France typée, si différenciée qu'un humoriste proposait de mettre les villes à la campagne, la France des banlieues et du centre, de la zone et des beaux quartiers, des paysans et des urbains, des ouvriers des cités prolétaires et des artisans des villes, qui savaient se fondre dans un peuple frondeur et factieux, cette France recouvre aujourd'hui de larges pans… de rien. De néant géographique. D'isolement et de solitude.

On sait que la distance entre lieu d'activité et lieu de résidence a considérablement augmenté, doublant pratiquement entre 1975 et 2000 ; que les commerces de proximité, les bureaux de poste, les bistrots mêmes ont disparu ; que les fêtes de village n'existent plus ou guère ; que le temps passé dans les voitures est beaucoup plus long que celui passé au café ; que les fast-food et les zones « commerciales » ont multiplié les façons de ne plus se croiser, se parler, ou d'être solidaire des autres. Ajoutons à cette inexistence l'existence bien réelle du chômage, et nous voyons naître une France inquiète… et inquiétante. L'étalement, l'effrayante laideur du périurbain, le mariage de la voiture et du centre commercial, l'irruption d'Internet qui favorise encore plus l'isolement, l'absence de contact, sont en train de tuer tout ce qui pouvait faire unité, confiance, solidarité. Des hommes se croisent en voiture, rentrent chez eux, allument la télé, font des courses, vivent, meurent. Où est leur liberté ? Leur solidarité ?

Les historiens nous ont toujours décrit la ville du Moyen Age comme un lieu d'extraordinaire solidarité : contre le feu, les épidémies, les hommes de loi, les huissiers, les envahisseurs, les catastrophes naturelles… C'est cette solidarité que l'on retrouve lors des inondations, lorsque les populations ne demandent qu'à s'entraider. Un de mes amis italiens m'a raconté cette histoire d'un village des Alpes qui avait coutume chaque année de faire face à la grande tempête de neige, associée à la coupure d'électricité. Quelle joie de vivre ensemble alors ! L'arrivée d'un plan électricité, chasse-neige efficace, conçu par une tête d'œuf turinoise, a tué cette solidarité.

Dans la ville d'autrefois, le grand personnage est la foule : la foule qui se presse aux mille spectacles, la foule des badauds, curieuse et bavarde (rien à voir avec la foule des métros, pressée et hargneuse, des gens dont les visages sont à dix centimètres et qui ne se parlent pas, la « foule solitaire » décrite par David Riesman). La foule du Palais-Royal, bigarrée, multicolore, pauvres et riches mêlés, où les femmes marchent avec une perruche sur l'épaule, et dont parle Louis-Sébastien Mercier dans son *Tableau de Paris* (allez au Palais Royal aujourd'hui, regardez les deux ou trois Japonais se prenant en « selfies » sur les colonnes Buren...). La foule qui ne se hâte pas. Elle a disparu. Reviendra-t-elle ? Sans doute, lorsque les habitants auront un peu plus de temps et moins de voitures.

La boboïsation

Les pauvres partent, les riches reviennent en ville.

La politique du logement, extrêmement coûteuse (40 milliards d'euros, dont 16 milliards d'aides, en 2012) n'a pas réussi à éviter une ségrégation favorisant la fuite des moins pauvres vers le périurbain. Une spirale du ghetto s'est ainsi mise en place, réservant les grands ensembles à ceux qui étaient contraints d'y rester, faute de ressources suffisantes pour déménager. La politique du logement social exclut systématiquement les postulants à la résidence les plus solvables, et pousse ceux-ci vers la périphérie. Elle favorise l'exclusion de ceux qui pourraient payer. Les aides contribuent à éliminer du parc HLM les résidents les moins défavorisés, donc à diminuer le niveau de mixité dans les cités, tout en favorisant l'étalement urbain. En 2000, la loi Gayssot, imposant un minimum de mixité sociale, n'a que modérément inversé cette tendance. Paris n'a pas eu la chance, comme Berlin, d'être détruit à 80 % et reconstruit, offrant ainsi un logement particulièrement bon marché à ses habitants, et, dès lors, un niveau de vie supérieur.

Les bobos sont joyeux[1]. Ils ont pu se constituer un patrimoine en virant les pauvres et en transformant d'anciens ateliers en lofts. Ça s'appelle la «gentrification». Les bobos sont de haute qualification, volontiers voyageurs, volontiers «couples mixtes», écolos; ils mangent bio et aiment les animaux; ils participent de l'internationale bobo, qui habite les centres-villes partout dans le monde (sauf à Marseille, encore populaire, mais pas pour longtemps). Ils roulent autant que faire se peut à vélo. Sinon, ils prennent de zélés TGV pour traverser rapidement les précédentes zones périurbaines sur lesquelles ils ferment pudiquement les yeux. Ils ne sont pas racistes. Ils font de gros efforts pour que leur nounou mauricienne obtienne la nationalité française. Ils votent évidemment à gauche (la preuve, Paris). Ils sont tolérants et communautaristes (même s'ils ne répugnent pas au double digicode, comme l'explique Alain Finkielkraut: «les bobos typiques célèbrent le métissage et vivent dans des forteresses»). Ils sont la «mondialisation heureuse». «L'immigré est mondialisé par le bas, le bobo par le haut.» Le

---

1. Lire le roboratif et décomplexé *La république bobo*, de Laure Watrin et Thomas Legrand, Stock, 2014.

bobo est plus altermondialiste que mondialiste (quoique...). Il est pour le mariage homo, les fringues vintage, l'éducation des enfants à l'étranger, les associations de riverains, les débats politiques, la culture (il protège les intermittents, souvent bobos eux-mêmes, travaille dans la com', la prod' ou le journalisme), il est pour la libre entreprise, mais aussi le service public. L'Etat-providence ne lui fait pas peur, il aime le durable, le recyclable, les droits de l'homme, etc., en bref, c'est l'anti-beauf, l'anti-pavillonnaire et l'anti-versaillais. Il ne va pas à la messe, et la « Manif pour tous » le fait rigoler. Il est haï de la droite.

Philippe Muray a écrit un texte d'une cruauté splendide sur les bobos : *Tombeau pour une touriste innocente* ; son héroïne, sotte comme seule peut l'être une bobo, se fait décapiter par un islamiste sur une île à bobos (dans *Plateforme*, Michel Houellebecq évoquera assez bien les bobos vacanciers, eux aussi victimes in fine d'un attentat). Cette violence à l'égard d'une population particulièrement non violente laisse à penser que le « bobo » fait mal au bourgeois. Pourquoi ? Probablement parce qu'il est un peu anarchiste, qu'il revendique l'héritage de Mai 68 ainsi qu'une sorte de raffinement individuel qui lui permet de talonner le bourgeois, dont il n'a ni la raideur, ni les codes, ni évidemment l'argent. Se faire admettre au «Polo», au «Racing» ou chez «Castel» ne l'intéresse pas vraiment, et il préférera papoter avec un chercheur en sociologie qu'avec un patron d'industrie. Charles Swann est le contraire d'un bobo, si cela peut rassurer.

Cet aparté sur les bobos pour évoquer une population infiniment bigarrée et joyeuse, drôle, assez peu snob, cultivée, tolérante, vivant dans la France dynamique des grandes villes et des grandes zones urbaines (Paris, Lyon, Toulouse…) et l'opposer à une population morose, plutôt aigre, plutôt pauvre… et anti-immigrée.

L'invention de la banlieue : question ethnique versus question sociale

Comment expliquer la désaffection politique des Français, la montée de l'abstention, le rejet des partis de gouvernement, la défiance vis-à-vis des élites ? Le vote frontiste. La montée du racisme. Les émeutes. Le *white flight*, l'exil des petits Blancs loin des banlieues ou des métropoles. Peut-être faut-il revenir à la représentation que l'on se fait du «peuple», des «pauvres», des «exclus», des «victimes» de la mondialisation ou de la guerre économique. Est-ce que les élites, les puissants, n'auraient pas intérêt à transformer la question sociale en question ethnique, à voir un conflit de communautés là où il n'y aurait qu'un conflit social?

Cette thèse de Christophe Guilluy est intéressante.

La représentation officielle de la société française est celle qui oppose les banlieues aux autres territoires, les minorités aux classes moyennes; les banlieues seraient le territoire de l'exclusion, la France pavillonnaire celui de la classe moyenne. Or il n'en est rien, ce serait même, toutes proportions gardées, plutôt l'inverse: «A l'écart de la France métropolitaine, des catégories hier opposées, ouvriers, employés, chômeurs, jeunes et retraités issus de ces catégories, petits paysans partagent désormais une perception commune des effets de l'intégration à l'économie-monde et de son corollaire – la métropolisation[1].» La France se répartit entre France métropolitaine (40 %) et périphérique (60 %). La première profite de la mondialisation, la seconde en souffre.

---

1. Christophe Guilluy, *Fractures françaises, op. cit.*

Tout part d'une surreprésentation de la banlieue, «la thématique la plus médiatisée et certainement la plus erronée». D'un côté les exclus, les minorités, de l'autre les «petits-bourgeois». D'un côté les ghettos ethnicisés, de l'autre les pavillons. Les visibles, les bruyants, les brûleurs de voitures, les émeutiers armés de Villiers-le-Bel, les prieurs dans la rue, contre les invisibles. Les exclus de l'intégration et de l'ascenseur social, contre les repliés, les racistes mais profiteurs de l'ascenseur social. Or c'est faux ; la France pavillonnaire ne profite pas ou plus de l'ascenseur social.

La banlieue ghetto n'existe pas. Il y a des quartiers sensibles où le chômage et la pauvreté sont très élevés, mais ces lieux sont dissous dans des territoires plus dynamiques. Non seulement la banlieue ghetto n'existe pas, mais la banlieue tout court n'existe plus vraiment non plus. C'est le sentiment que l'on a lorsqu'on passe au-delà du périphérique parisien : on s'enfonce dans un territoire infini et déstructuré.

La «banlieue» fut créée avec la politique de la ville en 1973, et plus précisément en 1979, après les émeutes de Vaulx-en-Velin, suivies par celles de Villeurbanne, Vénissieux et des Minguettes. Ces émeutes furent un traumatisme pour le pays. Ce qu'on imaginait réservé à la barbarie de pays racistes, comme les Etats-Unis, l'Afrique du Sud, se produisait en France.

Désormais, toute la politique urbaine et de la ville sera une politique de banlieue. Tout ministre se doit de se déplacer en banlieue, déplacement qui est une sorte de baptême du feu subi avec plus ou moins d'héroïsme ou de bonheur. En face, les jeunes de banlieue se sentent extrêmement valorisés par cette stigmatisation. Ils font peur, ils sont rebelles, presque hors la loi, ils dealent, ils volent, ce sont les nouveaux truands de la nouvelle zone, les petits caïds de la cour des miracles moderne, les nouveaux barbares prêts à assaillir, retenez-les, non pas Notre-Dame de Paris mais Neuilly et Passy. Lesquels tremblent autant que Versailles autrefois devant Montmartre, le Trocadéro et le faubourg Saint-Antoine. Or la banlieue est vaste, hétérogène, et composée comme le reste de la France d'une majorité d'adultes et de personnes âgées. La pyramide d'âge des ZUS (Zones Urbaines Sensibles, définies par la politique de la ville) est proche de celle de la France entière. Avec beaucoup d'humour,

Christophe Guilluy fait remarquer que les jeunes qui ont pris part aux émeutes de Vaulx-en-Velin ont aujourd'hui une bonne cinquantaine d'années... Evoquent-ils avec nostalgie leur guéguerre avec les CRS, comme l'évoquèrent longtemps les soixante-huitards, eux aussi brûleurs de voitures ?

Sont-ils si nombreux, ces jeunes ? Une nette majorité des jeunes issus de l'immigration ne vit pas dans les zones sensibles où se commettent les agressions. Assimiler la jeunesse immigrée à celle, déjà minoritaire, des zones sensibles, est particulièrement anxiogène. Ce n'est pas un moyen de favoriser l'intégration...

Mais qui n'aime se faire peur ? Qui n'aime, depuis son divan, le risque, l'aventure et la violence ? Une société pacifiée est ennuyeuse. Aldous Huxley le résume dans *Le Meilleur des mondes* : «Le bonheur effectif paraît toujours assez sordide en comparaison des larges compensations qu'on trouve à la misère. Et il va de soi que la stabilité, en tant que spectacle, n'arrive pas à la cheville de l'instabilité. Et le fait d'être satisfait n'a rien du charme d'une bonne lutte contre le malheur, rien du pittoresque d'un combat contre la tentation, ou d'une défaite fatale sous les coups de la passion et du doute. Le bonheur n'est jamais grandiose. »

Qui se souvient du « devoir de grisaille » énoncé par Michel Rocard lors de son discours de politique générale, en 1988, faisant référence à la rénovation des cages d'escalier des HLM ? Devoir de grisaille... Qu'est-ce que peindre les HLM des immigrés, à côté de la conquête de l'Algérie ? Que vaut-il mieux ? Une banlieue apaisée, ou des ghettos prêts à brûler ?

La faute aux médias, avides de violence, qui racontent la version française du ghetto black à l'américaine ? Aux intellectuels, eux aussi avides de violence, qui suivent sans trop broncher ? Ces émeutiers ne sont-ils pas nos nouveaux révolutionnaires ? Nos Louise Michel, nos Jules Vallès, nos Gustave Courbet et nos Blanqui ? En 1983, pendant que la gauche fait son aggiornamento politique et accepte la mondialisation et le franc fort, personne n'en doute. Après les émeutes de Villiers-le-Bel, en novembre 2007, suite à la mort de deux ados percutés sur leur mini-moto par une voiture de police, le bilan s'établit à une centaine de policiers blessés aux plombs de chasse ou par divers projectiles. Une fois de plus, la police républicaine s'est remarquablement comportée, un commissaire a été lynché en essayant de ramener le calme. Le jour du procès des tireurs, des «intellectuels» dont Siné, Volodine et Quadruppani signent une tribune dans *Libération* défendant ces inculpés «issus de quartiers submergés par une occupation devenue militaire» et concluent que novembre 2007 à Villiers-le-Bel, les amis, c'est juillet 1789 à Paris, rien que ça. Il est probable que la racaille, les caïds, les souteneurs, les pétroleuses ont joué un certain rôle dans la Révolution, ne serait-ce qu'en septembre 1793, que la canaille s'est délectée d'exécutions sommaires autour des anarchistes de Barcelone et d'autres, en 1936, en Espagne, mais de là à transformer les excités de Villiers-le-Bel en héritiers de Mirabeau, Danton et Desmoulins, il y a tout de même une marge.

Jamais les violences urbaines ou les émeutes n'ont débouché sur une quelconque remise en cause du système économique.

Le 23 septembre 2014, à Saint-Denis, des gens incendient une école maternelle dans une cité populaire tout juste rénovée. L'épisode intervient curieusement après la découverte d'un trafic à proximité d'un autre bâtiment public. Qui voudrait voir une contestation sociale ou politique dans cet accès de criminalité?

Jamais les violences urbaines ne débouchent sur des progrès sociaux, au sens des acquis sociaux chers aux syndicalistes ; en revanche, à chaque fois, elles se traduisent par une amplification des politiques de la ville qui, malgré leur bonne volonté, ne résolvent rien, ou presque. La question ethno-culturelle se substitue à la question sociale. La question sociale a à voir avec l'inégalité des revenus, avec une économie absente remplacée par l'économie de la drogue, et plus largement avec la faiblesse de la part des salaires dans le produit national, l'impossibilité d'accès à la propriété pour les plus modestes.

Pas besoin d'être grand clerc pour comprendre qu'une question «sociale» peut, peut-être, se résoudre «socialement», en gros par de l'argent, tandis qu'une question «ethno-culturelle», c'est plus compliqué. Par un cynisme sans doute inconscient, les catégories supérieures, celles qui profitent de la mondialisation et de la métropolisation, ont caché la question sociale sous la question ethnique, plus vague, plus morale, plus lointaine. La lutte pour l'égalité laisse place à celle pour la diversité. On comprend donc, dit Christophe Guilluy, que dans les métropoles l'immigration soit perçue comme un processus positif. Elle cache le conflit social. Un marxiste dirait : elle cache le conflit de classe. C'est ainsi qu'en Europe l'immigration est perçue comme très positive, pour des raisons démographiques et économiques.

Personnellement, je serais beaucoup plus sceptique et sévère que Christophe Guilluy. Jamais les émeutes n'ont débouché sur une « demande sociale ». A la grande différence des « casseurs » petits-bourgeois et pré-bobos de 68 qui chantaient l'*Internationale*, criaient « La culture au c… » en se précipitant en septembre pour passer des examens qu'on leur donna à l'œil, des occupants de Notre-Dame-des-Landes, des manifestants contre le barrage de Sivens qui ont une certaine conscience altermondialiste et écologique, ou encore des « bonnets rouges » qui représentent évidemment une révolte sociale, les brûleurs de voitures ne contestent en rien un système économique inégalitaire et brutal dominé par une économie mafieuse. Ils sont la loi de la jungle, la pire, c'est-à-dire l'absence de loi.

Comme la Mafia, ils ne connaissent que la famille et jamais le pays. Il faudra se poser la question de savoir pourquoi leur famille n'est pas le pays. Les sentiments anti-français agités avec des drapeaux lors des matchs de foot, la

Marseillaise copieusement sifflée, participent d'un «internationalisme» tout à fait en phase avec le crime. Abonder la Mafia ne transformera jamais la Mafia en œuvre de charité : on peut se dire que l'immense bonne volonté des politiques de la ville fut, en partie au moins, de l'eau versée dans le sable du trafic.

Et la question sociale ? Elle est cachée sous le tapis du pavillon.

La question sociale, celle des inégalités, du pouvoir d'achat, de l'accès aux services publics, est reléguée dans le périurbain, au-delà des banlieues (à Paris, les bords du périphérique lui-même tendent à se «gentrifier», à Montreuil ou Issy-les-Moulineaux, par exemple), dans ce périurbain où se trouvent désormais massivement des pauvres non immigrés, dont le vote extrême est fréquent. Débarrassées de la question sociale représentée par ces bénéficiaires de minima sociaux, de travailleurs à temps partiel et de chômeurs, les grandes villes peuvent se concentrer sur la question des voies piétonnes ou cyclables, des espaces verts, et, demain, des ruches sur les toits. Que certaines mairies socialistes gèrent en toute bonne conscience ce qu'il faut bien appeler du communautarisme, en autorisant par exemple des horaires de piscine réservés aux femmes musulmanes, ne semble pas poser de problème : la diversité, les droits de l'homme, le communautarisme ont remplacé, pire, ont été confondus avec le social.

Et la République?

La démission de la République

Voici venir la rengaine d'une République qui ne sait plus intégrer et surtout qui néglige les zones «dangereuses», les fuit, les abandonne. «Les banlieues perçoivent l'indifférence de la gauche au pouvoir», dit Mohamed Mechmache, dont on ne peut sous-estimer les efforts : fondateur d'ACLEFEU (Association Collectif Liberté, Egalité, Fraternité, Ensemble, Unis), militant de la justice sociale dans les banlieues, écolo, porte-voix des «gosses des cités» et plus concrètement porte-parole de cent cinquante associations de quartier épaulées par des sociologues, des urbanistes, et des conseillers sociaux, chargé de mission au ministère de la Ville.

Mais il se trompe. D'abord, le PS est parfaitement informé de l'importance (pour lui) du vote d'origine immigrée. Ensuite, jamais la République ne s'est autant occupée de ces fameux «ghettos». La densité des équipements publics y est souvent plus forte qu'ailleurs, le taux d'investissement public élevé et récurrent, les opérations de rénovation incessantes. Le président Hollande vient de leur allouer 5 milliards d'euros[1]. Mon ami Maurice B★★★, sous-préfet de quartiers sensibles depuis vingt ans, est le témoin de ces efforts permanents. Il y est évidemment favorable, même s'il doute de leur effet. Souvent contestées par les habitants concernés, ces opérations de réhabilitation ne semblent pas vraiment changer la donne...

Maurice B★★★ se désole un peu d'avoir à ôter le porte-drapeau de la sous-préfecture les soirs de match de foot impliquant l'Algérie, parce que le drapeau français est systématiquement remplacé par celui de l'Algérie.

Plus étonnant : le revenu moyen des «quartiers» est plus fort que dans le «périurbain». Le gouvernement en est conscient, et, pour éviter les erreurs de la politique de la ville, c'est désormais le revenu moyen qui définit l'éligibilité à l'aide[2].

---

1. Qui s'ajoutent aux 12 milliards affectés à 500 quartiers depuis 2003.

2. Sont concernées les zones où plus de la moitié de la population vit avec moins de 11 250 euros par an, soit 60 % du revenu médian français.

Car si les investissements publics vont vers la banlieue et les quartiers sensibles, ils ne vont pas ailleurs… Or 85 % des pauvres ne vivent pas dans ces quartiers, où le logement social est plus important d'ailleurs, mais dans des zones où ils sont obligés d'occuper un logement privé. De même, la masse des chômeurs de longue durée n'est pas dans ces quartiers – où le chômage reste certes plus fort que dans la moyenne nationale –, elle est diluée dans des zones géographiquement mal circonvenues. Le mérite des travaux de Christophe Guilluy est de montrer que la mobilité des quartiers sensibles est très forte, beaucoup plus forte que la mobilité moyenne sur le sol français, que l'ascenseur social fonctionne, mais qu'on ne le voit pas, notamment parce que les plus qualifiés quittent ces quartiers pour des zones moins sensibles, voire pour se « boboïser » dans les centres-villes ou les banlieues « gentrifiées ». On assiste, dit Christophe Guilluy, à « l'émergence d'une petite bourgeoisie issue de l'immigration maghrébine et africaine et à l'explosion du nombre de jeunes diplômés originaires de ces quartiers ».

Le Bras et Todd ont eux aussi étudié la « mobilité » des Français. Crise oblige, elle est devenue conséquente. Il n'est (hélas) plus vrai que le Français soit attaché à son bout de village comme l'arapède à son rocher. En moyenne, il change une fois de lieu dans sa vie. Le taux de mobilité est évidemment proportionnel au revenu.

L'échec des politiques de la ville s'explique ainsi par un effet de sas ou de noria : les investissements existent, mais la population ne cesse d'entrer et sortir, par un mouvement de promotion ou parce que l'insécurité devient intenable. L'absence de stabilité entretient l'insécurité et ne facilite pas la promotion des enfants. C'est un cercle vicieux : l'instabilité entraîne l'insécurité, l'insécurité entraîne l'instabilité, tandis que les flux d'immigrés succèdent aux flux d'immigrés sous des dehors repeints à la peinture fraîche.

Ces flux d'immigrés ne sont plus des flux de travailleurs attirés par un emploi local, mais des « regroupés familiaux » très peu qualifiés. Le niveau moyen de qualification de l'immigration française est ainsi bien inférieur à celui de l'immigration britannique qui est lui-même inférieur à celui de l'immigration américaine. Les immigrés arrivent dans des zones où le chômage est déjà fort et où l'offre de travail a disparu : rien à voir avec les zones industrielles qui attirèrent la main-d'œuvre immigrée française et étrangère tout au long des xixe et xxe siècles et jusqu'en 1973 ; cette main-d'œuvre que les patrons s'efforçaient de stabiliser en construisant des corons et des économats. La stabilisation d'une main-d'œuvre qualifiée (le statut des intermittents du spectacle en témoigne) fut l'obsession du patronat au temps où le travail se déplaçait vers le capital. Aujourd'hui, c'est le capital qui part chercher le travail étranger.

Le regroupement familial ne vient pas « valoriser » le capital local, mais plutôt précariser la population déjà installée. Au passage, les classes « moyennes », celles qui auraient pu faciliter la mixité sociale tant recherchée, s'en vont. « Les couches populaires apparaissent comme les grandes perdantes de la lutte des places[1]. » Dans ces territoires hyper-surveillés par les policiers, les sociologues et les hommes politiques qui ne cessent de s'y déplacer, l'extrême mobilité, associée à un équipement collectif correct (en tout cas supérieur à celui de la France périurbaine), favorise une certaine promotion. Mais celle-ci à son tour accroît la mobilité, les diplômés étant les premiers à quitter ces quartiers.

---

1. Christophe Guilluy, *Fractures françaises, op. cit.*

Un mot encore sur cette extrême mobilité, facteur d'insécurité : à l'heure du *low cost* et des voyages à prix cassés, il est sans doute plus facile de revenir à Alger ou Casablanca, qu'autrefois d'aller de Paris à Rennes ou à Brest. L'immigré d'aujourd'hui est moins « définitif » que celui d'il y a cent ou cinquante ans. Et la mobilité du travailleur immigré ou du regroupé favorise encore plus l'esprit de famille, au détriment de celui du pays d'accueil.

Quelle conclusion triste et banale ! Le grand échec de la politique de la ville est celui de la lutte contre l'insécurité et l'économie informelle. Jamais tous les plans de rénovation (qui succèdent à des émeutes) n'ont réussi à éradiquer l'insécurité des quartiers.

Ainsi, paradoxalement, on se retrouve avec, d'un côté, une insécurité, une instabilité, associées à de (maigres) perspectives d'intégration dans l'économie-monde représentée par la métropole ; de l'autre, une grande stabilité associée à une perte de revenu, un fort chômage, et une absence totale de perspective dans des zones périurbaines totalement détachées du « progrès » économique mondial. Violence d'un côté, aigreur et réaction de l'autre, le modèle républicain a du souci à se faire ! Après une phase de stabilisation de

1975 à 1999 (le gouvernement Giscard d'Estaing ayant soudain perçu les effets funestes du regroupement familial qu'il avait favorisé), la politique de la ville a repris, tandis que la République continuait d'intégrer[1].

La République n'a jamais démissionné des quartiers sensibles. Elle a été bien courageuse, en témoignent les formidables efforts des fonctionnaires publics les plus décriés après les policiers : les enseignants. *La Journée de la jupe*, *Entre les murs*, *Les Héritiers* : ces films en témoignent. Ce n'est pas la faiblesse de la République qu'il faut incriminer, c'est sa générosité. Elle a essayé de prendre le problème à bras-le-corps, elle n'a jamais abandonné, elle s'est peut-être trompée de cible, encore que... Qui peut dire que sans les programmes de rénovation destinés aux quartiers

---

1. Je me déclare incompétent en ce qui concerne les chiffres de l'immigration. Il est curieux d'entendre Jacques Attali, typique représentant des bienfaits de la mondialisation, dire en décembre 2014 que le solde migratoire représente 40 000 personnes en France contre 400 000 en Allemagne... S'il y a bien un chiffre qui n'est plus guère contesté – qu'on le trouve trop faible ou trop fort –, c'est celui de 100 000 « réguliers » plus 100 000 clandestins. Lire le très sérieux ouvrage de Michèle Tribalat, *Les Yeux grands fermés. L'immigration en France*, Denoël, 2010.

sensibles, et le transfert massif de ces sommes vers le «périurbain» pour y créer du service public, des transports collectifs et un mieux vivre, les choses n'eussent pas été pires? Une hyperviolence d'un côté, et un vote tout aussi protestataire de l'autre?

C'est pourquoi il ne faut pas conclure, à partir des travaux de Christophe Guilluy, au-delà de l'idée d'une erreur de cible, à un changement de doctrine et d'idéal: sous le feu croisé des médias, des sociologues, des intellectuels et des immigrés eux-mêmes, on a tenté de substituer une doctrine communautariste à la bonne vieille doctrine sociale qui était au cœur de la pensée républicaine et de la pensée des Eglises chrétiennes, telle qu'elle semble s'affirmer à nouveau avec le pape François après Léon XIII. Cette doctrine sociale s'était miraculeusement incarnée au moment où socialistes et chrétiens dansaient du même pas, c'est-à-dire en 1944, avec le Conseil national de la Résistance.

Fin du modèle républicain?

Le modèle républicain, fondé sur la négation du multiculturalisme et du communautarisme, permettrait pourtant d'éviter les dérives racia-les, ségrégationnistes, à l'œuvre dans les pays anglo-saxons, aux Etats-Unis en particulier. L'importance de l'exogamie, notamment chez les enfants d'immigrés, semble confirmer sa pertinence. Mais ces mariages mixtes, dont la France s'enorgueillit à juste titre (20 % des mariages en 2009, ce qui est énorme, et beaucoup plus fort que ce l'on observe dans les autres pays européens, Luxembourg et Suisse exceptés), sont aussi un trompe-l'œil. Ils concernent certes des unions entre Français et étrangers, mais se partagent moitié-moitié entre mariages sur le sol français et sur le sol étranger, c'est-à-dire, majoritairement, dans les pays du Maghreb, en Turquie, et d'abord en Algérie. En clair : des Français épousent des Algériennes. Or il s'agit de Français d'origine algérienne à 60 %. Le nombre d'unions de ce type a été multiplié par 11 entre 1994 et 2005. C'est donc une nouvelle recherche d'endoga-mie qui pousse les jeunes Français d'origine algérienne à rechercher des épouses ou des époux en Algérie. Encore une fois, notre thèse de la famille contre le pays d'accueil se trouve vérifiée.

Il y a donc un ralentissement du « métissage » à la française, ralentissement qui n'empêche pas, contrairement à la réalité anglo-saxonne, les couches populaires françaises de n'être pas racialistes ; en milieu populaire, les mariages mixtes ne soulèvent pas d'opposition, beaucoup moins que dans les classes aisées – le film *Mais qu'est-ce qu'on a fait au bon Dieu ?* est éclairant sur ce sujet, mais en même temps plein d'optimisme. Contrairement à l'image de Dupont Lajoie, les couches populaires ont montré un calme remarquable face à l'immigration et ont facilement accepté les mariages mixtes.

Le 20 juin 2010 et le 22 juin 2011, une communauté particulièrement paisible, la communauté asiatique, a défilé dans le XXe arrondissement, à Paris, pour réclamer plus d'efficacité de la police. Cette manifestation était clairement opposée à la communauté maghrébine du quartier. En 2010 précisément, 77 % des Français déclarent apprécier de vivre dans une société où règne une grande diversité des origines et des cultures. En 2014, sans exprimer le rejet d'une société diversifiée, de nouveaux sondages font apparaître que, pour une majorité, le nombre d'immigrés est trop élevé et que ceux-ci ne cherchent pas assez à s'intégrer.

Est-ce du «racialisme», pour éviter le terme de racisme?

Sans doute non. La montée du séparatisme, du désir de fuir les lieux de forte immigration, est largement, très largement due à la délinquance. Les migrations et les relocalisations des familles d'origine française et européenne ont des causes complexes qui empêchent de conclure à une «fuite des Blancs» à la française… Partent souvent des retraités en quête de calme, des plus jeunes à la recherche de foncier plus abordable, et d'autres exaspérés par la délinquance. A titre personnel, j'ajouterai que les villes, hyperpolluées, colonisées par les voitures, traumatisées par le bruit, sont devenues invivables. Se promener dans certaines artères de Paris est devenu une véritable souffrance.

Il faut noter enfin que ce désir de fuir la ville est plus fort que toute rationalité économique, car cette fuite coûte cher. Dans certains quartiers populaires marqués par l'égalitarisme républicain, en particulier dans les banlieues rouges où il a longtemps été revisité à la sauce communiste, l'arrivée du multiculturalisme a dû provoquer un choc: on comprend le basculement vers le FN. Mais pour nuancer, on citera encore le géographe qui nous a accompagné dans ce chapitre: «Au regard de l'universalisme républicain, le développement du séparatisme sonne évidemment comme un échec, mais la faiblesse relative des tensions interculturelles confirme aussi un profond attachement aux valeurs républicaines [1].» Rien n'est perdu.

On est en république !

Quand j'étais à l'école primaire, ce «On est en république !» était, je me souviens, crié à tort et à travers. Il résumait et indiquait tout : la liberté, le refus de l'autorité, de la contrainte, le désir, l'envie, le futur. Une contestation pour une partie de billes ? Non mais, «on est en république !». Une mauvaise distribution au jeu des gendarmes et des voleurs ? Quoi ? «On est en république !» N'importe quelle contestation : «On est en république !» Ce cri plein de gaieté exprimait la fierté d'une génération dont les parents avaient été privés de liberté et avaient parfois payé de leur vie leur désir de liberté. «On est en république !» exprimait aussi l'égalité de tous. Tous nous étions patriotes, mais la République était

---

1. Christophe Guilluy, *Fractures françaises, op. cit.*

indissociable de la France. Tocqueville, qui ne se laisse pas facilement éblouir, reconnaît que le peuple français sut réaliser la fusion extraordinaire de la liberté et de l'égalité au moment de la Grande Révolution.

En est-il de même aujourd'hui, ou bien la patrie et la République se délitent-elles dans les esprits, ceux des nantis parce qu'ils sont européens, fédéralistes et mondialistes, et ceux des marginalisés, parce qu'ils sentent que le socle républicain s'effrite (le service public, la protection sociale), tandis que la nation elle-même se dilue dans l'Europe, le monde ou les régions, voire les «territoires»?

«Les malheureux n'ont que leur patrie.» Cette citation de Blanqui a été attribuée à Jaurès et déformée par Marine Le Pen: «A celui qui n'a plus rien, la patrie est son seul bien.» Cela explique-t-il le vote «souverainiste» et antimondialiste, ou antieuropéen?

Toutes les élections confirment une fracture géographique entre les métropoles et les autres territoires. C'est vrai des élections présidentielles depuis 2002, mais aussi du référendum sur le traité de Maastricht et surtout du référendum de 2005 établissant une constitution pour l'Europe. En 2007, les métropoles et les banlieues avaient voté Royal, les pavillons

Sarkozy ; les immigrés Royal, les non-immigrés pauvres, Sarkozy. 94 % des électeurs se disant musulmans ont voté Royal, 77 % de ceux qui se disent catholiques, Sarkozy[1].

En même temps, l'incapacité des partis d'extrême gauche à capter l'électorat ouvrier ou populaire ne manque pas de frapper les commentateurs politiques : pourquoi, après trente ans de chômage de masse, la question sociale n'est-elle plus le moteur du vote ouvrier ou populaire ? Est-ce à dire que la question « culturelle » l'a remplacée ? Est-ce à dire aussi que le chômage de masse fait désormais partie du paysage des « inclus », des favorisés tournés vers la mondialisation et le multiculturalisme ? Les couches populaires observent les élites fêter la fin de la question sociale et la fin de la nation dissoute dans l'Europe et le monde, comme le peuple autrefois regardait avec un peu d'envie les nobles fêter le manque de pain en consommant de la brioche. Et puis de nombreux électeurs du Front national sont simplement des personnes âgées, nostalgiques et timorées, fantasmant l'insécurité via les écrans, la menace musulmane via les affreuses décapitations en Syrie

---

1. Sondage CSA-Cisco pour *La Croix*, 22 avril 2007.

ou en Irak, ou encore l'enrôlement de gentils Français dans les milices islamistes.

La Nation et la République ne semblent plus pouvoir jouer un rôle protecteur. Que dit Marine Le Pen, sinon «Je vais vous protéger : de l'immigré, de la perte d'emploi par les délocalisations, des diktats de Bruxelles en reprenant l'autorité sur la monnaie»? En échange, le discours «La France exporte et importe, c'est bon pour vous» n'est guère rassurant, au vu d'une économie qui stagne depuis trente ans, s'effondre depuis dix, et n'a jamais su résorber le chômage. Bien entendu, cette constatation n'est pas propre à la France : même les pays en bonne santé économique, l'Autriche, la Suisse, la Suède, connaissent un regain «identitaire» ou nationaliste.

«On est en république!» ne donne plus cet immense espoir des années 50 et 60 où l'on sentait la France rattraper le niveau de vie des Anglo-Saxons et s'installer dans une ère de liberté magnifiée par la voiture et les voyages.

Quel espoir donne aujourd'hui aux enfants et aux jeunes gens ce cri joyeux poussé par les générations de leurs parents et grands-parents ?…

Le 2 janvier 2015.

Table

Cet ouvrage a été achevé d'imprimé
en Italie dans les Ateliers de
Grafica Venetta S.p.A.
en avril 2015

Composition MAURY IMPRIMEUR
45330 Malesherbes

N° d'édition : 18798 – N° d'impression :
Dépôt légal : avril 2015